湖北省科学技术馆
HUBEI SCIENCE AND TECHNOLOGY MUSEUM

玩转科技馆

逃离“科学风暴”

湖北省科学技术馆 组编

靓灵 著

谭媛 绘

长江出版传媒
湖北科学技术出版社

图书在版编目（CIP）数据

玩转科技馆 ： 逃离“科学风暴” / 湖北省科学技术馆组编 ； 靓灵著 ； 谭媛绘 . -- 武汉 ： 湖北科学技术出版社， 2025. 7. -- ISBN 978-7-5706-4354-7

Ⅰ . Z228.1

中国国家版本馆 CIP 数据核字第 2025MQ1213 号

玩转科技馆：逃离“科学风暴”
WANZHUAN KEJIGUAN TAOLI KEXUE FENGBAO

出 品 人：邓　涛　　责任编辑：秦　艺
总 策 划：张　超　查　丹　　责任校对：王　璐
策划编辑：刘志敏　秦　艺　　特约设计：张馨心
美术编辑：喻　杨

出版发行：湖北科学技术出版社
地　　址：武汉市雄楚大街 268 号（湖北出版文化城 B 座 13—14 层）
电　　话：027-87679468　　邮　　编：430070

印　　刷：武汉精艺彩广告印务有限公司　　邮　　编：430048

787 毫米 ×1092 毫米　1/16　10 印张　100 千字
2025 年 7 月第 1 版　2025 年 7 月第 1 次印刷
定　　价：68.00 元

“玩转科技馆”
系列丛书编委会

好奇无界　探索不止

每个开馆日，我们都在湖北省科技馆里，看到许许多多闪闪发亮的眼睛——那是孩子们因触碰未知而燃起的好奇之火，因理解规律而闪烁的智慧之光。科学探索的旅程，始于那些与生俱来、永不枯竭的“为什么”。这份天然的好奇心，是人类智慧最宝贵的原动力，是驱动文明进步的永恒引擎。

作为科普工作者，我们珍视并全力守护着这些童真之问。在“仰望星空”展厅感知星辰的脉搏，在“绿水青山”展厅探寻湿地的秘密……每一个互动展项、每一次动手体验、每一场科学演示，我们都精心设计，只为唤醒孩子们心中沉睡的探索欲，让科学不再是冰冷公式，而成为充满温度、可感可触的奇妙体验。

然而，实体科技馆的大门总有关闭的时刻，再精彩的展览也终有闭幕的一天。当孩子们离开科技馆，那份被点燃的好奇心和探索欲，是否还能持续燃烧？那些有趣的科学现象和未解之谜，是否还能随时和大家相伴？

正是为了回应这份珍贵的“意犹未尽”，我们萌生了编写“玩转科技馆”系列丛书的想法。我们努力将科技馆的精彩体验、科学探索的思维方法浓缩于书页之间。它并非简单的地图导览或知识汇编，而是策展理念与内容的深度延伸。我们希望它成为一座永不打烊的“好奇补给站”，一个随身携带的“探索工具箱”！

亲爱的小朋友们，请永远珍视心中那份追问“为什么”的纯真好奇，勇敢释放那份“让我试试看”的探索冲动。愿此书为舟，载着你们的好奇、智慧与勇气，在“科学 · 文明 · 未来”的航道上，扬帆远航！

“玩转科技馆”系列丛书编委会

2025 年 6 月

人物介绍

珞珞：小学三年级男生。好奇心强，喜欢特立独行；性格跳脱，喜欢尝试新鲜事物。时而有些急躁，时而调皮捣蛋。

瑶瑶：小学三年级女生。喜欢读书，乐于观察，能在关键时刻找到问题的症结。细致耐心，喜欢把东西摆得规整有顺序，有点强迫症。有时候有点过度相信书本。

智小博：湖北省科学技术馆的机器人小管家，对生活常识、科技知识了如指掌，喜欢准确而简洁的指令和结论，但有时过于依赖逻辑和命令，面对陌生的状况时有点缺乏变通，可能会因为预料到的一点风险就瞻前顾后，也可能不理解科学史上一些以身试法的勇敢行为。出了科技馆就变成路痴（没有录入外部地图）。

目　录

扫一扫，观看
更多精彩内容！

第一章 用简单几何解释世界

柏拉图（Plato，前427—前347），古希腊哲学家，柏拉图学派的创始人。公元前387年在雅典创办学园，收徒讲学。是欧洲哲学史上第一个有大量著作传世的哲学家。

柏拉图在几何学上也造诣匪浅。柏拉图立体，是指包括正四面体、正六面体、正八面体、正十二面体、正二十面体的五种正多面体。正多面体是由正多边形构成、各顶角相等、各棱边相等的凸多面体，具有高度对称性和秩序感。

其实早在毕达哥拉斯（Pythagoras，约前580—约前500）时代，人们便开始研究这些正多面体。只是柏拉图首先对这些立体图形进行了详细的描述，因此人们便称其为“柏拉图立体”。

柏拉图研究了当时关于元素的流行说法后，认为每一种元素中的原子都具有不同的形状。

柏拉图在其晚期著作《蒂迈欧篇》中，描写了由这些正多面体和谐组成的宇宙图景。

柏拉图将其中的4个正多面体对应于古典四元素：

正四面体代表穿透力最强的火元素；

正六面体代表最稳固的土元素；

正八面体代表顺滑的气元素；

正二十面体代表柔和的水元素。

同时他还将不同的物理属性赋予这些正多面体，以此解说火、土、气、水诸元素乃至世间万物的生成与变化。

至于正十二面体，柏拉图将其视为心目中神秘的宇宙模型。正十二面体是五种柏拉图立体中唯一由正五边形构成的，而五边形在古希腊几何中与“黄金比例”密切相关，被认为蕴含自然和谐的秘密，契合了古希腊对“宇宙永恒秩序”的追求。因此，柏拉图写道：“对于剩下的第五种复合图形，上帝用它来代表全部，并给它绣上精美的图案。”

后来柏拉图的学生亚里士多德（Aristotle，前384—前322）为这一天界物质定义了神性元素“以太”（aether）。

自此，这一理论不仅为古希腊宇宙观提供了自洽的逻辑框架，也在之后两千多年的哲学思辨和科学方法论的演进中发挥着重要作用，启发后世。

终于到科技馆了！
我们从哪里开始参观呢？
先看“科学风暴”吧。
科学风暴

周日，珞珞和瑶瑶相约到湖北省科学技术馆参观学习。他们首先到达了“科学风暴”展厅。

站在“科学风暴”展厅门口，瑶瑶看着眼前熙熙攘攘的人群，又看了看入口处待命的讲解机器人，对珞珞说：“人真多，我们找一台机器人来带路吧。”

珞珞正抬头仰望着高空悬挂的各色天体球。突然，他听到一些奇特的声响从一间被隔板围起来的小房间里传出。房间门口的标识上写着“速度与时空”，珞珞产生了兴趣，便对瑶瑶说：“那里好像没人，我们先去看看。”说完径直走了过去。

瑶瑶走近时，发现门口的墙上贴了一张时间表。“这会儿应该还没有开放呢。”瑶瑶说着，但珞珞已经大摇大摆地进去了，她也就跟了进去。

看到瑶瑶也进来了，珞珞赶紧说：“就看看，没事的。”

房间内有一个三步台阶高的小平台，上面有几把座椅正对一张屏幕。

珞珞走上了平台。设备感应到有人进来，开始自动运行。珞珞发现屏幕有了画面，激动地说：“快看快看，开始播放了！”

瑶瑶也跟着落座，环顾了一下周围，看到屏幕前的地板上零散地放着几块土色立方体。她觉得这些土色立方体有点眼熟，但又想不起在哪里看到过。很快，屏幕上的浩瀚宇宙也吸引了瑶瑶的注意。

满屏的星云突然汇聚成一个漩涡，“哗”的一下，又化作了一条流淌的星河，仿佛朝着屏幕外涌来……

展台旁，刚刚完成上一轮讲解的机器人智小博注意到了瑶瑶和珞珞，它看见瑶瑶朝自己招了下手，正准备开启解说模式，却又看到两人进入了“速度与时空”展室。隔了好一会也不见两人出来，智小博开始担心孩子们会在未开放区域出事，便赶忙跟了过去。走到门口处，智小博说道：“这里现在不开放，请到下一时段再来参观……”

正看得入迷的路路和瑶瑶，突然听到机器人的声音，被吓了一跳。路路下意识地站起来大喊：“糟了，被发现了！”他看了眼平台不高，示意瑶瑶可以直接跳下去，并说道：“往这边跑，这边有出口！”瑶瑶见状，也立马从座位上站了起来。

这时，屏幕开始不停地闪烁起来。原本地上零散的几块土色立方体，也不知何时变多了，霎时间立方体聚拢如竹笋般在平坦的地面上升了起来。

正在往下跳的路路吓了一跳，一边在惊慌中寻找可以落脚的地方，一边转头看向瑶瑶。瑶瑶也没来得及反应，跳下平台时踩到了土色立方体的边缘，半个身子正跌向屏幕。

说时迟那时快，智小博被这眼前突如其来的一幕吓到了。但它快速反应过来，迅速地伸长了手臂，一手一个地抓住了瑶瑶和路路。只是还是太迟了，一股莫名的力量已将瑶瑶吸入，连带着已抓住瑶瑶的智小博和路路，穿过了屏幕。

三人一起掉进了螺旋漩涡里。

周围的一切都在旋转，路路和瑶瑶感到头晕目眩，仿佛整个世界都在翻滚。智小博的机械手臂紧紧地抓住他们，并试图保持平衡，但漩涡的力量实在太强大了。

“坚——持——住！”智小博的声音在路路和瑶瑶的耳边时隐时现。他们不知还会发生什么，只能紧紧地抓住彼此，等待着这场疯狂的旅程结束。

终于，漩涡渐渐平静下来，三人摔落在一片开阔的石板地上。周围是一片古希腊风格的建筑，高耸的白色大理石柱子顶端是壮观的雕刻穹顶，四周立着各式各样的人像雕塑，生动又宁静。在他们四周，还有很多穿着希腊长袍的人，有的手持卷轴，有的低声交谈，还有的在激烈地争论着什么。

“这下完了，这是哪儿啊？”路路从地上爬起来，试图在晕眩中找回一点平衡，扶着脑袋说。

智小博眼中闪过一丝迷茫。它认识科技馆里所有的路，却从来没见过这个地方！但还好，这里还有一点微弱的信号。它一边核对信号里传来的信息，一边说道：“我们掉到了公元前的柏拉图学园，但好像不是一个准确的年代，时空错位了……”

“公元前！你是说我们一下子摔到了两千多年前！”路路惊讶地说。

“那我们怎么回去呢？”瑶瑶听到“公元前”几个字，也有些慌张。

智小博也有点搞不清楚状况。它一离开科技馆就是个大路痴，这件事可不能让别人知道了！它的机器大脑袋左右转了几圈，搜寻着刚才那若隐若现的信号。然后突然说："找到信号了，在那上面！那里应该是可以回去的路！"智小博指向了远处的拱门，门的顶端正散发着一些微光。

"那我们还等什么，赶紧过去吧。"珞珞说着，就着急要往那个方向去。

"别乱跑！"一个温和又坚定的声音响起。一位穿着长袍、面容和蔼、眼中满是智慧与威严的男人正来到他们身边。此人正是柏拉图。

柏拉图接着说："耐心点，辩论就要开始了。"

瑶瑶一看是柏拉图，赶紧跟上了柏拉图，并问道："什么辩论？"

柏拉图说："关于世界本原是什么的辩论。"

这时，周围的人们都开始向柏拉图围拢，人群正好圈起了珞珞准备穿过的大厅。智小博拉住他说："现在上前太引人注目了，他们可能会以为你想参与辩论。"珞珞抬头看看不远处的拱门顶部，只好不情愿地交叉起手臂，开始等待。瑶瑶则劝他说："反正现在走不了，不如听听他们要说些什么吧。"

"万物的本原是水。"年长的泰勒斯先站出来说。

赫拉克利特盯着泰勒斯说："不对，万物的本原是火。"

"我觉得没这么简单。"年轻的阿那克西曼德在旁边小声嘀咕。"只有一种中立且无限的东西，才能避免某一种元素压倒其他元素，保持宇宙的平衡。"

毕达哥拉斯学派代表说："万物的本原应该是数学。"

德谟克里特也从留基伯的身后站了出来，深邃的眼神中透露出对世界的深刻洞察："本原是最小的物质，它应该是不可分割的，我们将这种不可分割的物质命名为原子，世上除了原子，就是原子运动的场所。”他的观点引来一阵低声讨论。

柏拉图静静地听完了每一个人的发言，缓步走到一张矮桌旁，说道：“你们说的都有道理，所以我认为，万物是由火、土、气、水和天空五种基本元素组成的，而且每一种元素都有特定的几何形状。”

珞珞虽然一开始不情愿，但也早已经认真听了起来。他小声问智小博：“元素不是氧、氢、铁、铜之类的吗？”

智小博说：“两千多年前的人还不知道这些呢。”

柏拉图拿起矮桌上一个红色的正四面体，说：“这是火元素，穿透力最强。”

珞珞忍不住挤上前，伸手去碰了一下火元素，却被尖角扎痛了手指。他皱着眉头，低声嘟囔道：“好疼！”

柏拉图微笑着看着珞珞，继续说道：“火元素的形状是正四面体，它的尖角象征着火的锋利和穿透力。”接着他绕过桌子，指着地上随意堆放的正六面体，说：“那些是土元素，最稳固。”

智小博小声对珞珞和瑶瑶说：“绊倒你们进入隧道的东西原来是土元素！”

瑶瑶说：“原来如此！难怪我们刚才在‘速度与时空’展区时我会觉得这些土元素很眼熟，现在想起来是在‘科学风暴’展厅入口处就看到了这些几何体！”

珞珞问：“土元素是怎么从这里跑到科技馆去的？”

智小博说：“我的猜想是，可能在混乱的时空里，五大元素都被挤进了时空隧道，但只有最稳定的土元素安稳地到达了对面。也许只有认真听下去，才能得到这个问题的答案……”

柏拉图又拿起一个水壶，里面装满了蓝色正二十面体的小珠。“水元素，最柔和。”他一边说着，一边将这些正二十面体倒入大盆中，看上去就像在倒水。

瑶瑶在一旁仔细地看着柏拉图倒下的水珠，伸手摸了一下，说：“这些正二十面体的形状很接近球体，摸上去湿湿凉凉的。”

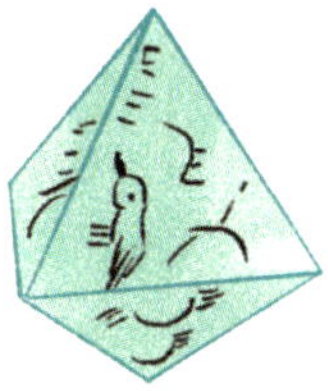

放下水壶，柏拉图又拿出一个绿色正八面体，将其按进水盆里，水元素被挤了出来。他说：“气元素，最顺滑。”柏拉图的手一下子没按好，气元素就从装满水元素的水盆里浮了上来，于是他又将正八面体放回了桌上。正八面体的一个尖角朝下，看上去不太稳定，好像随时要像气体飘走一样。

“世间万物由火、土、水、气这四种元素生成、变化而成。”柏拉图一边说着，一边走向最后一个元素。他将一个紫色的正十二面体放在掌心，正十二面体幽幽地漂浮在他手掌上方几毫米的地方，接着说：“还有最神秘的天空元素。”

珞珞看着那个漂浮在柏拉图手中的正十二面体，睁大了眼睛，他可没听说过天空也可以是一种“元素”！

此时的柏拉图正聚精会神地讲解着，无暇顾及他们。正巧大厅的侧面有人提问，柏拉图便寻声走了过去。智小博赶紧指着大厅后方的拱门说：“机会来了，趁现在！”瑶瑶顺着智小博指的方向，已从人群中穿过。

珞珞多看了几眼天空元素，一时没跟上，就慢了一步，没想到柏拉图已经折返回来了。

“你们不发表见解就要走吗？”柏拉图应是看到了三人的动作，用手挡住了珞珞。旁边的人也纷纷看向珞珞，好奇这个穿着异样的男孩会不会有

不懂几何者，
不得入内

什么不一样的见解。

路路被拦住了，远远地望到智小博和瑶瑶已经走到拱门下面时，一下慌了神，他只想尽快赶往他们身边，便不管不顾地挣扎起来，没想到连带着柏拉图一起撞到了展示多面体的矮桌。

桌子这一动，正八面体气元素倾倒下来，又撞到了旁边的正四面体火元素，随即火光一闪——气元素助燃了火元素！一丛火苗快速点燃了木桌。

智小博回望路路时感应到了火势，远远地就开始大喊："着火了！"

柏拉图见状松手放开了路路，说："赶紧灭火！"

瑶瑶回过头时，看见人们已乱成一团。学园里到处都是大理石，到哪里去找水灭火呢？想到这里，她看向了装满水元素的大盆子，一边赶紧往回跑，一边大喊："用水元素！"一个学者听到了瑶瑶的呼喊，又见瑶瑶迅速地跑到水盆边想要抬起水盆，立马和她合力将整盆正二十面体泼向了火焰。路路想起土也能灭火，就抓起了地上的正六面体土块，投掷到火上。智小博也迅速赶回，将助燃的正八面体气元素隔离开并丢远了。

火被熄灭了，刚燃烧过的桌子继续冒着烟。

看到危险已经解除，智小博立马向瑶瑶和路路示意说："快走！"瑶瑶跟在智小博的身后跑了起来。走在最后面的路路发现悬浮在空中的柏拉图的天空元素竟然也在向微光靠近，便一手抓住了天空元素并将其放进了自己的口袋。

瑶瑶和路路在智小博的帮助下爬上了拱门，穿过那道微光，离开了会场。

走出微光，三人仍惊魂未定，他们发现自己正从一扇窗户进入一间房间。房间正中，有一个男人正在专注地制作一组尚未完成的模型。智小博扫描了这个男人的样貌，小声说："这是欧多克斯，他正在拼装同心球模型。"

第二章
用同心球模型解释行星运动

古希腊人最早用神话解释日月和行星的运动。

泰勒斯（Thalēs，约前624—约前547），传说是古希腊的第一位哲学家，米利都学派的创始人。

据古代文献记载，泰勒斯曾从事天文学与数学研究，提出一些几何学定理。他的学生毕达哥拉斯受其启发，理性解释自然，进而以“数”为核心，形成独立体系，并创立了自己的宇宙观，也就是“地心说”的雏形。

毕达哥拉斯首次明确提出地球是球形且静止于宇宙中心的假说，并构建了由五个同心球层（地球、天空、和谐球、天界、天火）组成的宇宙模型。

毕达哥拉斯认为，球形的地球是宇宙的中心，地球外面被一圈球形的天空包裹着。在天空外面有一圈叫作“和谐球”的球体，日月和五大行星都在这个球体里运行。在和谐球外面是一个叫作“天界”的球体，所有的恒星都在这里。最后，天界外面还有一圈永不熄灭的天火，星星的光就是反射天火的光。

这个理论可以解释日月星辰的运动规律，虽然其中大部分后来都被改进，但是毕达哥拉斯认为的“天体必须是球形”和“天体运动必须是均匀的”这两点，一直到17世纪，都是描述天体所必须遵守的两个原则。

柏拉图受毕达哥拉斯学派的影响很大，他与毕达哥拉斯一样深信，一切运动中最完美、最高贵的是匀速圆周运动，因而天体的运动也应该是匀速圆周运动。即便在实际的天文观测中，有些行星时而向东，时而向西，甚至时快时慢，柏拉图也相信这些行星必然遵守着某种规律。因此，柏拉图给自己的学生提出了研究行星为何如此运动，是由哪些匀速圆周运动叠加而成的任务，即著名的“拯救现象”。

欧多克斯（Eudoxus of Cnidus，前408—前355），古希腊天文学家、数学家，是柏拉图的学生。他提出的同心球叠加方案，为柏拉图的理想提供了第一个有意义的方案。欧多克斯用多个同心球叠加运动解释了行星的逆行现象。

以火星为例，欧多克斯认为火星被4个透明的同心球带着运动，这四个球都保持着完美的圆周运动，但是每个球的转向和速度是不一样的，彼此组合后就形成了火星逆行的曲线。

在欧多克斯的同心球模型中，他先后给日月添加了3个同心球，五大行星各加上4个同心球，最外面是恒星的天球，这样一共27个天球组成了他的宇宙观。

欧多克斯因此成为第一个用几何思维去模拟天体运动的人，他通过同心球的几何运动，解释了行星逆行的现象，这是天文学上一次重要的突破，也为后来的“地心说”奠定了数学意义上的基础。

在欧多克斯提出同心球模型后，亚里士多德在欧多克斯的学生卡里普斯（Callippus of Cyzicus，前370—前300）的基础上又将同心球理论继续完善和改进，最终形成一个共包含56个天球的模型（又称“水晶球模型”），以更精确地匹配观测数据，如行星逆行、速度变化等。这是古希腊数理天文学的巅峰之作，成为西方宇宙论的标准模型，直至哥白尼革命。

智小博，赶紧看看，我们又到哪儿了？
我们应该还在雅典，欧多克斯是柏拉图的学生。
无信号
你们是什么人？怎么进来的？
你好，我是瑶瑶。
我是路路。
抱歉我们突然闯入，我们只看见这扇窗户里透出了光，就进来了。
我是欧多克斯，我正在推演同心球模型。
我是智小博。

爬进窗户，三人从一道闪着光的门走了出来，发现已然处于一个完全不同的空间。

珞珞有点兴奋地环顾四周，期待着接下来即将发生的新鲜事。

瑶瑶却一脸谨慎地缓慢地跟在智小博的旁边，小声地向智小博询问有关欧多克斯的更多信息以及这个时代可能需要注意的事项。

欧多克斯寻声望向窗边，看到是三个孩子，便放松下来，只是一旁的智小博让他稍微疑惑了一会。但他此时正在推演同心球模型的关键时刻，顾不上太多，因为他有预感，他马上就可以完成行星逆行的部分了。

简单打过招呼后，欧多克斯又埋头于自己的模型推演了。

珞珞好奇欧多克斯究竟在忙什么，于是轻声地凑到了欧多克斯的身旁，看到了图纸上画得满满的模型。

在这个模型里，有很多个圆环一层一层地嵌套在一起。有的圆环上固定着的是水星，有的是金星，还有的是火星、木星、土星等球体。这些圆环有一个共同的中心，上面写着“地球”。只是这个“地球”是光秃秃的，还没有画上瑶瑶和珞珞熟悉的世界地图。

智小博看到模型后，立马触发了“A1-04 展项说明”，开始解说：“欧多克斯通过数学推演，将行星的复杂视运动分解为 27 个嵌套同心球体的匀速旋转组合：恒星天球 1 个，太阳和月球各 3 个，五大行星各 4 个。通过球体旋转轴倾角与速度的差异，叠加出近似观测的行星轨迹……”

瑶瑶听到了，一开始以为智小博是在解释图纸上的内容，后来发现不对劲，赶紧堵住智小博的扩音器。她小声说：“嘘！欧多克斯还没有完成这项工作呢！你不能把工作的结果直接提前告诉他。”智小博马上停止展项说明，也放低音量问瑶瑶：“那以后我看见展项，还播报吗？”瑶瑶想了想说：“咱们回到科技馆之后再重新开始运行这项任务吧。你现在的新任务，是想办法带我们回到科技馆。”智小博接受了新的指令，程序运行一圈，马上安静下来。

瑶瑶转头就开始打马虎眼地大声感叹道：“哇，太厉害了，怎么可以设计出这么精巧的模型？！”

欧多克斯说：“精巧，是的！天体运动都是神圣而高贵的！我的老师柏拉图认为，天体都做着完美的匀速圆周运动。只是老师的完美模型理论与实际的观测存在一定的矛盾，行星运动存在不规则性，如逆行。所以我需要继续做一个可以展现出天体逆行的模型。你们能帮我完成它吗？”

一听到可以动手操作了，珞珞的好奇心被彻底点燃了，抢着说道：“好啊好啊，我想试试！”

瑶瑶看到珞珞如此积极，又看了看智小博，后者没有找到信号，也没有更好的计划，他们暂时也不知道回家的方向。于是瑶瑶跟着点了点头说：“我们一起来帮忙。”

认真观察过欧多克斯的模型之后，瑶瑶皱起了眉头。书上教的太阳系根本不是眼前这个模型的样子，太阳系的中心不应该是地球，而应该是太阳，而且其他行星的顺序也不对。她小声对智小博说：“这个模型已经过时了！欧多克斯会被证明是错误的！我们还有必要帮他吗？”

“虽然同心球模型存在缺陷，甚至有根本性错误，”智小博告诉瑶瑶，“但科学并不代表绝对正确，科学进步靠的是不断摸索、修正改进，而不是一下子就得到正确答案。”

瑶瑶虽然不能完全理解智小博所说的关于科学发展本质的含义，但她知道智小博的数据库中装载有所有与科学技术相关的知识，所以没有继续反驳。只不过，要以与书本上学到的知识不一样的方式去做任务，瑶瑶心里多多少少觉得有些别扭。

欧多克斯看到了瑶瑶犹豫的样子，说道："不用担心，我需要的帮助并不难。"然后开始耐心地解释起每个部件的作用来。

珞珞听得津津有味，很快就理解了每个部件的作用。

原来这些层层叠叠的圆环并不是星球运行的轨道，而是用于控制星球的运动，这真是太精妙了！

珞珞一开始只是帮忙递工具，很快就加入了拼装的工作。在拼装的过程中，他突然想到了在柏拉图那拾取的天空元素。

"这个会不会有帮助呢？"珞珞说着，把柏拉图的正十二面体天空元素拿给了欧多克斯。

欧多克斯注视着天空元素好一会儿，突然眼前一亮。接着说道："天球的转动是几何结构的产物。虽然每颗星球都在其圆环上做匀速运动，但是被多个圆环套在一起时，每个圆环以各自的速度和方向匀速转动，会相互影响甚至牵制，如此就能模拟出时快时慢甚至倒退的复杂路径了。"

接着，欧多克斯调整了圆环的倾角和转速，叠加的圆环，随着齿轮的传动被带动，天体开始一点一点地前进又后退再前进，形成了"8"字形轨迹。火星逆行的部分实现了，终于，他们完成了模型。

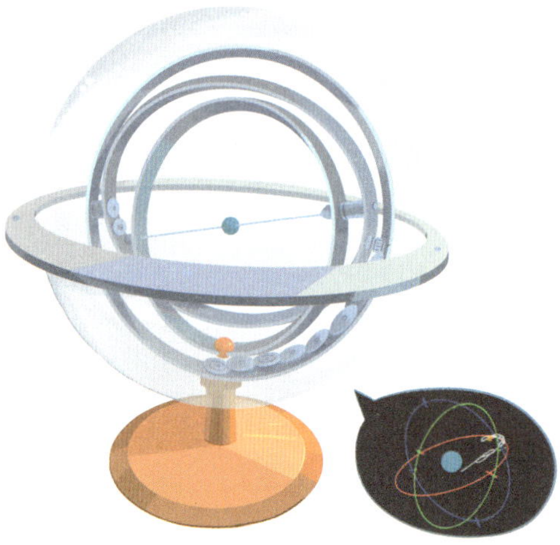

"太棒了！"欧多克斯兴奋地大

喊，“我们完成了！”

珞珞也开心地笑了：“这个模型真的很神奇！”

欧多克斯太高兴了，立马跑出了门。

房间里只剩下珞珞、瑶瑶和智小博。

智小博没有新的指令可以接收，于是找信号又被弹出为最优先等级的任务，便支着头顶的尖角在房间里走来走去。实际上智小博的尖角里藏着收发信号的天线，据它们这批机器人的设计者说，尖角是呼应科技馆建筑外立面的灵动曲线，同时也给天线留了一处好空间。

而依旧站在模型前的瑶瑶，看着模型有点出神，然后她突然把手伸向了模型正中间的“地球”。

“你想做什么？”珞珞惊讶地看着她。

“我想把太阳放在中间。”瑶瑶嘟囔着。

只是没想到瑶瑶刚把“地球”拿出来，完整的结构失去了一部分支撑，其他圆环也散落开来。

珞珞见模型散了一桌，正想捡起掉落的部件重新拼装。

好巧不巧，就在这时欧多克斯带着他的好朋友托勒密回来了，原来他去找托勒密来一起分享自己的成果。结果欧多克斯一回来，就眼睁睁地看到自己的模型已经被破坏，生气地大喊：“你们在干什么？是你们……把同心球模型拆了？！”

瑶瑶本来因为看到被自己破坏了的模型而有些手足无措，又突然被欧多克斯的叫喊声吓了一跳，手上的“地球”掉在了地上。

跟在欧多克斯身后的托勒密看到这一幕也不太高兴，他来的路上听欧多克斯介绍自己的模型制作方法时，也产生了新的想法，本想趁此和欧多克斯一起完善这个模型，结果一进门，“地球”都滚到了自己的脚边。托勒密无奈地叹了口气，然后弯腰捡起了“地球”，顺手放在了桌上天空元素的旁边。

瑶瑶没有预料到自己会弄坏模型，低着头向欧多克斯道歉。

托勒密则在一旁拍了拍欧多克斯的肩膀，说道：“没事没事，方法找到了就好。”

就在这时，智小博突然接收到了一点信号，它快速分析信号的来源，发现信号从这间房间的屋顶传出。“地球”和正十二面体天空元素也不知何时已在此处漂浮着。

“应该就是这里。”智小博朝着珞珞和瑶瑶大声说，“我找到路了。”同时一段半隐半现的楼梯在天窗下面缓慢打开了。“我们要赶紧离开了！这里的信号不太稳定。”智小博有点担心地催促着。

珞珞和瑶瑶听后，再次快速地向欧多克斯和托勒密表示了歉意，便跑上楼梯，穿过了屋顶。

跟在二人后面的智小博，收起了“地球”和天空元素，放进了自己的扩展包，也快速地离开了。

第三章
用几何方法测量地球的人

古代各个民族对我们所生存的地球有着各自不同的认识。

中国远古先民在对自然进行直接观察后提出了“天圆地方”，并形成了“天圆如张盖，地方如棋局”的“盖天说”。如今，我们现存最早的数学和天文学著作《周髀算经》就是西汉时期对“盖天说”的理论整合。其中不仅记载了古人用同心圆表示太阳一年运动轨迹的七衡六间图；还记载有一种简单的天文测量工具“八尺之表”，即一根长约 1.8 米的杆子旁边平放一把带刻度的尺子，古人通过测量杆子影子落在尺子上的长短来推算时间、节气，甚至宇宙的大小，只是结果不准确。

而一位聪明的古希腊人已经较为准确地测出了地球的周长，误差仅为 2%，他是如何做到的呢？

这位聪明的古希腊人便是埃拉托色尼（Eratosthenēs of Cyrene，约前 276—前 194）。他不仅科学地确立了地球的概念，并定量地确定了地球的大小。

约公元前240年，埃拉托色尼时任亚历山大城图书馆馆长，查阅了图书馆内大量的文献资料，如商队的路线记录，这帮助他确认了亚历山大里亚与赛因（Syene，现为埃及的阿斯旺）之间的距离，并通过几何学方法使他最终成功地测量出地球的周长。

埃拉托色尼利用夏至日正午太阳光的差异进行计算。

埃拉托色尼了解到，在每年的夏至日正午，太阳光直射赛因的井底，影子长度为0；与此同时，在距离赛因正北约5000斯塔迪亚（stadia，古希腊长度单位）的亚历山大里亚，测量出方尖碑的影子长度，然后通过方尖碑的高度计算出太阳光线与地面垂直线的夹角有7.2°（即圆周角360°的1/50）。这里其实假设了太阳光线是平行的，所以地球的周长为360°/7.2°×5000＝250000斯塔迪亚。（按雅典的长度单位，1斯塔迪亚等于185米，由此得到地球的周长是46000多千米。按埃及的长度单位，1斯塔迪亚等于157.5米，地球周长为39000多千米。）

时至今日，人们已经精确地测量出，地球的子午线周长（即通过南北两极的经线圈周长）是40008千米，赤道的周长为40075千米。

埃拉托色尼的另一个重要数学贡献是发明了筛选质数（又称素数）的有效方法——后人称之为“埃拉托色尼筛法”。这一方法，不仅将质数研究从经验观察提升为可操作性的数学方法，还通过可视化筛除过程，让抽象的数论概念具象化，直观展现了数学的美。

埃拉托色尼筛法至今仍在现代算法中得到应用。例如，在计算机科学中的数据加密、密码学以及各类随机性算法中，筛法的基本逻辑依然发挥着重要作用。此外，现代数学中的很多研究，如素数分布猜想、哥德巴赫猜想等，都是建立在埃拉托色尼的工作之上的。这表明，古老的方法仍然能够为新问题提供解决思路。

埃拉托色尼对旅行日记也很感兴趣，每当读到一个故事的记录时，他的脑海里总能浮现出一张地图，他便将故事中提到的地名填写进去。

年复一年，日复一日，埃拉托色尼最终将当时所有的地理知识汇编成一部巨著——《地理学》，共3卷，分别从理论、测量与实践角度构建了古代地理学体系，其经纬网和气候带理论影响深远，但因原书失传，现存内容依赖后世学者的引述。关于埃拉托色尼测出地球周长的故事被记载于第二卷中。

无信号
信号怎么又不见了？！
按照说明书，再试试！
所以每到一个新的空间，都需要重新搜索位置和年代吗？
找不到……
找不到！！！

时空位置再次发生了变化，智小博又丢失了信号。它不明白为何信号时有时无，只能按照说明书的指示反复尝试着寻找信号，它迫切地想要与科技馆取得联系。

可除了不断地刷新信号，智小博也不知道还能做什么，于是焦急地原地打转。

路路和瑶瑶已适应了在不同的时空之间变化，只是不知过去了多久，他们的肚子都开始饿起来，体力也有点跟不上了。两人跟在智小博后面钻出了天窗，没想到眼前是一望无际的沙漠。

"看来……我们又到了一个新的时空。"瑶瑶看着沙漠，认真思索眼下的状况。

"看来……我们在经历着一起起科学事件！"路路猜想着，突然觉得自己有点酷。

"可这些事件中的人物，是怎么在同一时间同一地点出现的呢？"瑶瑶疑惑着，"时空错乱，是需要我们做什么吗？"

"所以我们现在是……智小博呢？"路路想起智小博来，转头却发现智小博一直在沙地中打转，差点陷进去。

路路赶忙去把智小博从沙子中拔了出来。

这时，瑶瑶看到不远处有一支骆驼商队正向他们走来，便赶上去请求能带他们一程。

于是瑶瑶和路路在摇摇晃晃的骆驼背上好好休息了一番。智小博倒是不累，但是它无论如何也找不到信号，只好一边跟着骆驼商队行走，一边时不时帮忙给骆驼投喂一些干草，以便帮瑶瑶和路路换取一些大麦饼、咸鱼和水。

临近行程结束时，三人听到商队的人说，托勒密王朝下令搜查每一艘进入亚历山大港的船只，若发现书籍，无论国籍均没收归入图书馆，仅向书主提供副本补偿。

瑶瑶小声问智小博："他们说的是不是亚历山大城图书馆？我听老师提过，这是古希腊时期的国际学术中心。"

智小博搜索了一下资料库，回答道："是的，亚历山大城图书馆是希腊化时代托勒密王国亚历山大城博物馆的主要部分，建于公元前 4 世纪晚期。馆内藏有各类手稿逾 50 万卷，均为纸草卷。四方学者云集于此，研究各种学科，是当时国际性的学术中心。只是公元前 48 年遭恺撒焚烧。残存部分也毁于约 7 世纪。"

瑶瑶听了，立马感叹道："这些书卷会被烧掉！那我们可不能错过了！既然都到这里了，一定要去看看！"

珞珞不想扫兴，也附和道："嗯，图书馆或许有新的线索。"

于是三人告别了骆驼商队，又乘着尼罗河船只到达了亚历山大港，历尽艰辛，终于到了亚历山大城图书馆。

珞珞对密密麻麻的文字不感兴趣，就和瑶瑶约好在门口等着了。等得无聊，想起自己出门时穿着带滑轮的鞋子，这图书馆前正好有一大片开阔的广场空间，珞珞便开心地滑了起来。

他在广场上越滑越远，到达另一端时，看到不远处有一根木棍被直直地插在地上，就滑到木棍跟前。四下无人，他很疑惑为何有根木棍孤立地竖在地上，就把木棍抽了出来。

这根棍子很直，珞珞掂量了一会，要起了猴棍。一会儿双手把木棍举过头顶旋转，一会儿又假装在打空气，玩得不亦乐乎。

珞珞玩得正起劲的时候，一个穿长袍的男人跑了过来，一把抢过木棍，生气地问：“你在干什么？捣什么乱？”

珞珞反问道：“这根木棍是你的吗？我看插在地上，旁边又没有人，所以拿来玩玩。若是这根木棍有用，为什么要这样单独竖在地上？”

已经逛完图书馆的瑶瑶和智小博也闻声赶了过来。

男人看了看面前这三个有些奇怪的小孩，一边将木棍插回了原地，一边有点急不可耐地说：“我正在用这根棍子测量地球的周长，可不能错过时间了呀！”

珞珞大惊：“用这么短的棍子量地球，那要量多久啊？！怎么不用一把更长的尺呢？”

瑶瑶看了看棍子，又看了看眼前的这个男人，在智小博认可的眼神中，瑶瑶说道：“哦，你就是亚历山大城图书馆的馆长埃拉托色尼呀！”

智小博一听赶紧咳了几声，接着补充道：“是你发明了埃拉托色尼筛法。”

埃拉托色尼没想到小孩子都这么了解他的工作，便不再生气，笑着解释道：“是的，我正作为图书馆的研究员在这里整理古籍资源。不过我这会正在等中午的太阳呢，我可不是把木棍当成尺。”接着，埃拉托色尼小心地调整着木棍的角度，确保木棍与地面是完全垂直的。

埃拉托色尼继续说道：“我听人说，在埃及的塞因，夏至这天中午的阳光可以直射入井底。这说明，这时的太阳光线正好垂直于塞因的地面。接着，我又查阅了埃及皇家测量员的记录，知道了从塞因到亚历山大里亚的距离。今天就是夏至了，现在我只要知道此处正午时木棍及其影子的长度，就可以算出阳光和木棍的夹角，然后算出地球的周长了。”

瑶瑶听完了埃拉托色尼的理论，进而想到：既然可以利用太阳的入射角差来间接测量距离，那是不是也可以利用时间的某些特性来间接测量所处的时空位置？瑶瑶眼睛飞快地转上一圈，转身去找智小博，说：“智小博，你试试打开时空测距仪，看看信号反射的时间差能否测量出我们与湖北省科学技术馆的时空距离。”智小博有点犹豫，因为它的机器人说明书上没写过这种做法，但是依据它储备的科学知识，这个方法听上去有一定的可行性，于是它听从瑶瑶的建议开始测量。

这时正午了。埃拉托色尼量出木棍及其影子的长度后，用几何比例推算出了地球周长，然后开心地对着三人说道：“我测出来了！地球的周长是25万斯塔迪亚！我利用木棍长度和木棍影子的长度先计算出太阳光线与垂直方向的夹角为7.2°，然后可知7.2°是圆周角360°的50份中的1份，所以只用将塞因到亚历山大里亚的距离乘以50，就可以得出地球的周长了！”智小博也开心地说道：“我测出来了！我知道我们与湖北省科学技术馆的时空距离了！信号恢复了！”

埃拉托色尼说完，准备赶回图书馆做记录。

珞珞看着埃拉托色尼的背影大喊：“你的木棍忘记拿了！”

埃拉托色尼头也没回地依然大步往前，并摇摇手说：“这根木棍对我没用了，你喜欢玩，就送给你吧。”

智小博看着木棍，立马接收到了信号，说：“先拿着，这和我们从柏拉图以及欧多克斯那得到的物品一样，都和时空门有关联，应该会有帮助的。”

智小博的话音刚落，广场旁的一座高台上就出现了一扇闪着微光的门。“就是那里吧，时空入口！”瑶瑶指向了高台的上空。

三人朝着高台跑了过去。智小博先伸长手臂爬上了这座高台，转而面向地面的瑶瑶和珞珞，示意他们抓紧木棍。随着智小博缩短手臂，瑶瑶和珞珞像抓单杠一样被智小博带到了高台上。三人接着就带着这根木棍一起进入了时空门。

第四章
从“勾股定理”到“毕达哥拉斯树”

毕达哥拉斯（Pythagoras，约前 580—约前 500），古希腊哲学家、数学家。

毕达哥拉斯年轻的时候曾周游列国，后来听从泰勒斯的教导，在埃及学习数学和宗教知识。移居至南意大利的克罗顿后，在那里讲学收徒，发展成了如今我们所知的毕达哥拉斯学派。

毕达哥拉斯学派的主要贡献在数学方面，提出了“数即万物”的学说。近代科学也是在追寻自然界的数学规律中取得长足进步的。但若将其绝对化，就显得荒谬了。

关于毕达哥拉斯发现和声规律的过程，是一个将偶然观察转化为科学理论的经典案例。

传说有一天，毕达哥拉斯路过一个铁匠铺，听到铁匠用大小不同的锤子敲打铁时发出的“叮叮当当”声，是有规律的，这一点启发了他。他注意到，某些锤子的组合声音特别和谐悦耳，而有些则显得刺耳。于是，毕达哥拉斯通过比较不同重量铁锤敲打时发出的不同声音，意识到决定不同谐音的是某种数量关系，而非材质或形状。

之后，毕达哥拉斯又继续在琴弦上进行实验，找出了八度、五度、四度音程与琴弦长短的关系。

最后得出结论：音程比例越简单，和声越悦耳。

这是毕达哥拉斯首次将数学提升为解释世界的工具，进而推动西方哲学从感性转向理性，这种思想也为后世科学定量研究奠定基础。

只是毕达哥拉斯学派的核心信念“一切可公度”，即任何两个量（比如长度、面积等）都可以用同一个单位来精确测量，且测量结果都是整数或分数（有理数），引发了第一次数学危机，因为正方形的对角线和边长无法公度！

这就要提到毕达哥拉斯在数学上的另一项重要贡献了。毕达哥拉斯定理，又称勾股定理或商高定理，即直角三角形两直角边的平方和等于斜边的平方。

如今我们都知道，根据这一定理，边长为 1 的正方形，对角线长度是 $\sqrt{2}$。但 $\sqrt{2}$ 不能写成两个整数的比（即不是分数）。结论是 $\sqrt{2}$ 是无理数，不可公度的量。

这个发现直接打脸毕达哥拉斯学派的信仰：“万物皆数”（这里的“数”仅指整数和分数）。他们无法解释$\sqrt{2}$的存在，甚至传说发现者希帕索斯（Hippasus of Metapontum，前530—前450）因此被扔进海里。

从此数学更严谨，但也导致几何和算术分家了两千多年。

关于毕达哥拉斯定理，还有一棵意外发现的魔法树，也称“勾股树”。传说毕达哥拉斯参加宴会时，盯着地板上的方形地砖发呆。他在地砖上画对角线，发现对角线的正方形面积正好等于两块地砖的面积和。这个发现让他脑洞大开。于是他尝试利用毕达哥拉斯定理“种树”。

首先画一个大正方形当“树干”，接着利用正方形最上面的一条边作出一个三角形（传统为直角三角形，分形迭代中没有特定），再在这个三角形的两边线上作出两个稍小一点的正方形，像树杈一样分叉。以此类推，无限重复地作出更小的三角形、正方形，就形成了茂密的“毕达哥拉斯树”。

现如今，这棵树成了数学和艺术的结合体，仿佛用数学种出了一棵永远画不完的奇幻树。

是科技馆的工作人员吗？
滋滋滋……能听到吗？
你们还好吗？
我们很好，只是还不清楚我们为何会进入了历史事件中，有些迷茫。
那我们怎么找到这些时空门呢？
你们应该是落入了时空漩涡。
通过对智小博的定位，你们的时空是混乱的。或许顺着打开的时空门，就可以找到回来的路。
我们通过监控，发现一些展品也被吸入了“速度与时空”中，应该就是你们需要找到的、可以带你们回来的关键物品。
相信你们能找到回来的路的。

从时空门走出来，三人到了一条河边。

智小博研究起刚拿到的木棍，又从自己的扩展包里拿出了之前放进去的柏拉图的正十二面体天空元素和欧多克斯的“地球”。

瑶瑶这才发现，智小博的背包是可以无限伸缩的。

智小博将这两件物品靠近了珞珞手里拿着的棍子，三件物品一起发出微弱的光芒，接着慢慢缩小，成了三块不规则的碎块。尽管大小和形状都变了，但颜色和质地还是和原本的物品一样，可以分辨出来。

这时一些声响从智小博的扩音器传出……

听到科技馆工作人员的声音，瑶瑶安心了许多，即便还没有办法直接回家，至少她已经知道目前的情况正如科技馆工作人员所讲述的那样，是可控的。

智小博再次确认了与科技馆联络的频道后，说道：“看来这些物品就是我们回去的关键。”

珞珞一直站在一旁听着，有点生气：“所以……回去的路，还是要靠我们自己去找呀？”

瑶瑶倒是很开心，她将科技馆工作人员说的话一一记录了下来，圈了几个要点后，又将笔记本装回了自己的书包里。然后赞叹道：“智小博，太棒了！你已经掌握了用时空测距仪与科技馆工作人员联络的方法，我们之后就不会再失联了。”

“至于那几个物品……再给我看看。”瑶瑶小心翼翼地从智小博和珞珞手中将目前的三块碎块拿了过来。仔细地观察着，突然她意识到这三块碎块可以像立体拼图一样拼起来，便沿着边线将它们贴合在一起，果真，三块碎块可以完美地契合在一起。只是拼上去之后，看不出有什么特别的，也并未出现什么新的线索。

珞珞有点不解地看着瑶瑶，然后问智小博："所以，我们要去哪里找下一个物品呢？"

看到瑶瑶也没办法从碎块中找到更多信息，智小博用机械手臂接过了她手中的东西后，认真收回自己的扩展包内。

他们正准备寻找方向时，不远处传来一阵嘈杂声。一群疲惫的铁匠顶着黑眼圈，拿着大小不同的锤子，边跑边喊："救命啊！受不了了！毕达哥拉斯让我们加班加点打了几天的铁了！"

"这都是为了数学呀！"一个声音紧跟在铁匠们后面出现了。毕达哥拉斯追上来，他跑得直喘气，眼中却闪烁着对知识的热忱。

瑶瑶听到是毕达哥拉斯，眼睛一亮，跑到毕达哥拉斯的面前说："数学？我最喜欢数学了！是为了数学做什么事情呢？我可以参与吗？"

不爱念书的珞珞则露出惊吓的表情，不想跟上去，远远地自言自语道："数学？不是吧？我现在只想去找吃的。"

毕达哥拉斯看到瑶瑶渴望数学的眼神，感觉这下找到帮手了，立马回复说："很好，你们可以顶替这些铁匠的工作，我会付你们面包和牛奶的。"接着用手中的小锤子轻轻敲了敲智小博的脑壳。

智小博被敲得"铛铛"直响，可不太高兴。冲着毕达哥拉斯发出警告："请保持安全距离！我的脑壳可不是实心铁块。"

对话间，铁匠们早已经跑得无影无踪了，瑶瑶一听到有面包和牛奶，就朝着珞珞大喊："他有吃的！"接着捡起了被丢在地上的铁锤。

于是三人就一路跟着毕达哥拉斯，来到了一间铁匠铺子，里面一个人也没有，炉子也是冷的。瑶瑶左右看了一圈，问：“我们不是来打铁的？”毕达哥拉斯笑了，回答说：“不打铁，敲铁。你们只要拿锤子敲这些铁块就行了。”

在毕达哥拉斯的指挥下，瑶瑶、路路和智小博用大小不一的锤子敲打着长短不一的彩色铁块，铁块发出着高低不同的声响，仿佛在演奏一首即兴乐曲。

路路满脑子只有面包和牛奶，也没有耐心去看毕达哥拉斯的指挥，所以敲得铁块发出乱七八糟且刺耳的声音。于是毕达哥拉斯叫停了路路，并允许他先在一旁吃面包。

“嗯，两个声音就好。”毕达哥拉斯一边听一边写着一些整数。

瑶瑶也一边敲一边仔细地听着，渴望找到一些规律。

“你们知道吗？我发现音高与铁锤重量之间存在简单的整数比例关系。”

瑶瑶听到这一提示，感觉自己找到了方向，于是她更努力地用手上的小铁锤，敲打着长短不同的铁块。智小博在旁边察觉了瑶瑶的想法，于是偷偷测量着铁块的长度和重量，希望可以帮助瑶瑶更好地分析其中的关系。

就这样，他们敲了得有大半天，毕达哥拉斯快速地在一旁做着一些计算：“在敲击同一个铁块时，12 个单位重量的铁锤与 6 个单位重量的铁锤，它们的音高相差一个八度。9 个单位重量的铁锤与 6 个单位重量的铁锤被敲击时，音高相差一个五度……”

“看来就要完成了。”智小博说着，并关注着周围的变化。

毕达哥拉斯已经沉迷于自己的音乐数学理论中。

不一会，瑶瑶手中的小铁锤就发出了微弱的光芒，她惊呼道：“这一定就是这个时空的关键物品了！”

趁着毕达哥拉斯专注于自己的计算中，瑶瑶让智小博赶紧从背包里将之前的碎块拿了出来并靠近了铁锤。铁锤立马也转化成了碎块，与其他三块碎块一起融合成一个形状特殊的五面体。从其中两面看，它像一个带有弯曲的三角形，另外三个面则是有一定弧度的矩形。面对如此奇怪的形状，瑶瑶和智小博疑惑着陷入了沉思。

接着，智小博似乎想起了什么，说道："这个有点歪的三角形，我好像在哪里见过……"话还没说完，它感应到时空入口已开启，搜索了一下方位，应该就在他们来时的河边。

瑶瑶跟着智小博看去的方向向河边张望着，突然发现半空中有一个洞口，远远看去，洞口似乎还在那条河的上方。

已得出结论的毕达哥拉斯激动地对着瑶瑶和智小博说："太感谢你们了，我这边的工作已经完成了，不用再敲铁了。这里的面包和牛奶，你们想吃多少都可以。还有什么是我能帮你们的吗？"

瑶瑶指着远处河的上空说："我们想爬到河流的上方，有什么办法可以做到吗？"

"河流的上方吗？"毕达哥拉斯托腮作思考状，回复道："这不难，只需要一棵数学的树。"

玩了大半天的珞珞，吃饱喝足后，远远听见毕达哥拉斯的只言片语："数学的树？"便白日做梦般地幻想出了一个填满数字的树形图案。

毕达哥拉斯接着说道："这是一棵几何的树。我们只要先作一个正方形，在正方形的上边再作一个三角形，通过三角形的两条边再作两个正方形，这样重复下去，就能得到一棵参天大树了。"他一边说，一边在旁边先画出了一个简单的毕达哥拉斯树的示意图。

瑶瑶叫了叫珞珞示意要走了，珞珞便拿了一些面包和牛奶放在瑶瑶的书包里，然后跟着瑶瑶一起凑到毕达哥拉斯的跟前来看。他们发现这棵树的形状非常奇特，每一个分支都是由正方形和三角形组成，而且越往外，分支越多、越细小。

“这棵树，能帮我们爬到河流的上空？”瑶瑶有些怀疑。

“当然，”毕达哥拉斯指着示意图上的这棵树说道，“只要我们拉低这棵树的一端，另一端就会慢慢变化升至云端，它就能变成一座桥带你们上至高空。”

于是四人一起来到了河边。在毕达哥拉斯的安排下，一棵立体的毕达哥拉斯树，逐渐搭建起来。

接着，毕达哥拉斯先是叫瑶瑶、珞珞和智小博赶紧爬上树的一侧并抓好，然后毕达哥拉斯自己抓住了树的另一侧并拉动最外侧的细小分支。随着毕达哥拉斯的拉动，树的形状逐渐改变了，三人抓紧的那一侧逐渐缩小、上升，他们也随之一格一格地往上爬，直到靠近河的上空。这棵树真的变成了一座上升的半截拱桥。

不一会，三人已到达河的上空，珞珞心服口服地看着还在地面上的毕达哥拉斯喊道：“数学太神奇了！”

三人谢过毕达哥拉斯后，就穿过洞口，进入了时空门。

毕达哥拉斯望着三人离去的背影，最终消失在一片光晕中，仿佛他们进入了太阳。而他站在原地，仍然沉浸在数学的美中，久久没有离去。

第五章
将太阳放在宇宙中心

将太阳确立为宇宙中心的过程，曾是一场跨越千年的科学认知革命。

托勒密（Claudius Ptolemaeus，约 90—168），古罗马天文学家、数学家、地理学家和地图学家。公元 140 年著成《天文学大成》13 卷，主要论述了宇宙的地心体系。

托勒密体系，即“地心说”，凭借数学模型的精确性成为当时学术界的标准，直至哥白尼提出挑战。

哥白尼（Nicolaus Copernicus，1473—1543），波兰天文学家，近代天文学的奠基人。

哥白尼创立了“日心说”，用太阳取代地球成为宇宙的中心，让包括地球在内的所有行星均以太阳为中心转动。这一变动使得各大行星的运动获得了统一性。

哥白尼最终构造的宇宙图景是：太阳是宇宙的中心，离太阳由近及远的行星分别是水星、金星、地球、火星、木星、土星，月球则是地球的卫星，月球既随地球绕太阳转动，每月又绕地球旋转一周；行星外面是恒星天，它是静止不动的，构成了行星运动的参考背景。

“日心说”简洁而有力，推翻了长期以来居于统治地位的“地心说”，实现了天文学的根本变革。

因为在此之前亚里士多德为“地心说”奠定的哲学基础是：在我们所生活的世界地球上，物质是由土、水、气、火四种元素构成的，它们相互冲突，所以世界总在变动，这里的一切是不完美的，甚至会毁灭的；而天上，物质由“以太”构成，天体是永恒、完美的。而托勒密的宇宙体系更是被赋予了一种人间等级结构的体系：天上的高贵、地下的卑贱，越往高处越进入神圣美妙的境地。

托勒密的“地心说”就像其用毕生经验调整齿轮，造出的一台走时精准的钟表，但忽视了结构的臃肿。当观测数据与模型不匹配时，托勒密的选择是不断地叠加轮子。所以到了哥白尼时代，轮子数增加到 80 多个时，已经成为用复杂数学的强行拟合。因此，哥白尼革命，不仅是对传统宇宙观的颠覆，更是一种科学方法的革新（观测数据验证理论），和人类思想解放的催化剂。

首先，它使地球成为不断运动的行星之一，打破了亚里士多德“天地截然有别”的界限。其次，它破除了亚里士多德的绝对运动概念，引入了运动相对性观念。最后，宇宙中心的转变。其实也暗示了宇宙可能根本没有中心，而无中心的宇宙是与古希腊的等级宇宙完全对立的。

哥白尼之所以要提出“日心说”来挑战和取代托勒密的“地心说”，最初的动机并不是改变宇宙中心，而在于对数学原则的彻底坚守。为了捍卫某种数学原则，他不惜移动宇宙中心。也正是基于这一动机，开普勒、伽利略义无反顾地传播和发展哥白尼的“日心说”。

哥白尼体系的核心也许不是它提供的数学工具有多精确，而是它打开了人们的思想空间，并且给人们提供了信心：对人类理性能力的信心，对自然和谐简洁的信心，以及对追求真理的信心。

总的来看，由哥白尼发动的天文学领域的革命，也是整个近代科学革命的第一阶段。

这是到哪儿了？我好像刚坐了一趟过山车。

是的，小心一点。
我们一下子跳过了近两千年，中世纪刚刚结束。这里可能又是一个混乱的地方，小心一点……

这次时空隧道中的行程似乎格外长，直到三人坠落至一个狭窄处，稍微一动就能撞到旁边的墙壁，墙壁摸上去又圆又滑。

智小博伸长了手臂四处探寻着，察觉到他们此刻是在一口井底，所幸是一口枯井。智小博把井口的木盖推开了，盖子“哐！”的一声砸在地上。

光亮立马照进了井内，珞珞和瑶瑶才慢慢扶着长满青苔的井壁站了起来。珞珞可不喜欢这种狭小的空间，他攀着智小博的手臂先爬了出去。

井旁，原本有一个人正抱着木盒子蹲在阴影处，不料井口的木盖被突然掀开，把他吓了一跳！接着，他又看到一个男孩从井里爬出，他立马躲到了一旁的树后。

智小博发现树后有个人一直在看着他们，便问道：“你是谁？为何在这？”

瑶瑶没想到旁边还有人。她定了定神，打量着这个紧张的人，注意到他怀中紧抱的盒子。

男人小声回复着：“我是哥白尼，我正犹豫要不要出版我的著述《天球运行论》。”

珞珞听了，一下子就来精神了：“哇！你就是提出‘日心说’的哥白尼！”

哥白尼见这些人不但听过自己的学说，而且并没有敌意，才说：“一千多年来，所有人都认为太阳是绕地球转的，可是我做了很多观测和计算，可以确定，应该是地球绕太阳转才对。数学是不会说谎的。但是现在的大部分人，都认为地球是宇宙的中心。我担心，书出版后会因为观点激进、数据不准等原因受人嘲笑或遭到冷落。”

难得有人可以分享，哥白尼打开了自己怀里的木盒子，里面是整齐地摆放着的他精心制作的模型。

太阳在正中间，几个同心圆从内到外依次排布着水星、金星、地球、火星、木星、土星，在地球的外围还有一个小圈，和一个小小的月球模型。

虽然这个模型是平铺在盒子里的，并不像欧多克斯的模型那样可以做酷炫的运动，但模型仍然非常精致美观。

瑶瑶听到哥白尼的话，很同情他。她告诉哥白尼，有一次自己数学考试做了一道题，被判了错误，反复验算发现自己算的是对的，参考答案是错误的，但她不敢说出自己的想法。

哥白尼听了问：“后来怎么样了？”

瑶瑶低下头说，她犹豫了很久，最终没有向老师讲出自己的真实想法。

哥白尼叹了一口气：“是啊，我也犹豫了三十年，到现在还在考虑到底要不要坚持发表和传播‘日心说’。”

珞珞听着他们的故事，满不在乎地说：“想那么多干什么？对的事情就要大声说出来。”

珞珞抢过哥白尼手里的“日心说”模型盒，跳上智小博刚刚盖好的木盖，又将模型盒举起来，对来往的人们大喊道：“哥白尼发现太阳才是宇宙的中心！”

哥白尼听了，连模型都顾不上拿回来，马上又蹲在了井后阴影内，扒着井壁说：“别喊了！你不要命了我还要呢！”

珞珞一开始还不懂哥白尼在担心什么，很快，人群就聚集起来。

人群中有普通市民、农民，也有穿着教会衣服的人。

人们的议论声越来越大，逐渐变成了叫骂，他们纷纷说：“不可能！胡说八道！”“地球才是宇宙的中心！骗子！”“狂徒！你居然想改变宇宙的中心！把他抓起来！”

瑶瑶见珞珞招架不住大家的反对，也冲到前面，大声说：“哥白尼不是想改变宇宙的中心，他只是做了数学计算！数学是不会骗人的！”

人们还是不相信，开始向他们丢番茄和鸡蛋。

愤怒的人群旁，有一个路过的长胡子男人托起了下巴，似乎在思考。

智小博已经警铃大作，它在惊慌中赶紧跑到瑶瑶和珞珞面前，帮他们挡住人们砸过来的番茄和鸡蛋。

但智小博没有任何攻击程序，所以无法还手，只能先保护孩子们的安全，还好在它的高速行动下，番茄和鸡蛋都被挡下来了。

而哥白尼呢，他看到瑶瑶和珞珞如此维护自己，自己却没有任何行动，感到有点羞愧，于是也鼓起勇气，与他们站在一起。没有反击的工具，他只能拆掉了木盒里的“日心说”模型，将天体球往围观的人群身上扔。但天体球的数量很少，一下就扔完了，人却越来越多。

天体球中最早被扔出的“太阳”，在人群的踢碰中滚到了一旁，被那个长胡子男人看到并捡了起来。他举起“太阳”看了看哥白尼，转身就捧着太阳模型离开了。

眼尖的智小博看见了这一切，还发现淡淡的光芒正从太阳模型上散出，着急道：“那是开普勒，快跟上他！”在哥白尼的掩护下，他们得以逃脱，并往开普勒离开的方向追去了。

瑶瑶边跑边回头看。哥白尼一边用空空的盒子挡住了一颗番茄，一边对瑶瑶喊：“谢谢你们！希望下次你找到正确答案时，能勇敢地说出来！”

第六章 天空立法者

约翰内斯·开普勒（Johannes Kepler，1571—1630），德国天文学家、物理学家、数学家，被誉为“天空立法者”。

开普勒的故事要从他的老师第谷开始说起。

第谷·布拉赫（Tycho Brahe，1546—1601），丹麦天文学家，是肉眼观星的顶峰。他用自制的大型象限仪等仪器，在1572年发现超新星，证明其是恒星而非行星，打破了“恒星天球层永恒不变”的教条；并在1577年观测彗星，证明它比月球遥远，彗星轨道穿越行星际空间，天体运行区域不存在实体水晶球，迫使学界承认：宇宙空间是虚空且可以穿透的，打破了水晶天球宇宙观。

第谷20余年的天体观测，让他积累了当时最精确的行星运动数据，误差仅约2角分（相当于0.033°），但他固守“地心说”，而未能揭示宇宙更深层的规律。

1599年，第谷因欣赏开普勒的数学才华，邀请开普勒成为其助手。

第谷不仅在业务上指导开普勒分析天文数据，还在经济上资助其生活。二人合作间也有过矛盾，甚至决裂，但第谷主动写信澄清了误会。后来这封信也被称为“一封改变了天文学发展的信”。

1601年，第谷临终前将他详尽而精确的观测记录留给了开普勒，并叮嘱“尊重观测事实”。

开普勒相信宇宙的谐和以及数学的神秘。他利用第谷的观测数据，巧妙地计算出了包括地球在内的六大行星运行轨道，并通过轨道数据，进一步总结出行星运动所遵循的数学规律。1609年，开普勒在《以对火星运动的评论表达的新天文学或天空物理学》(有时称《新天文学》)一书中给出了椭圆轨道和行星的运动定律。

开普勒第一定律，也称为椭圆定律，即每一个行星沿各自的椭圆轨道环绕太阳，太阳位于椭圆的一个焦点中。

开普勒第二定律，也称为等面积定律，即在相等时间内，太阳和运动着的行星的连线所扫过的面积都是相等的。

开普勒第三定律，也称为周期定律，即各个行星绕太阳公转周期的平方及其椭圆轨道的半长轴的立方成正比。

开普勒的三大定律，将所有行星的运动与太阳紧密地联系在一起。从此太阳系的概念被牢牢确立，行星按照开普勒定律有条不紊地遨游太空。

开普勒和哥白尼有过交集吗？
哥白尼的学说确实对开普勒产生了重要的影响，但两人其实没有见过面。我们看到的是时空混乱的结果。

三人跟着开普勒，一路走到了城镇的另一头，直到走进了一座文艺复兴式的城堡。

看着开普勒走进了一间工作室，由于不好继续跟进，三个脑袋只能挤在门口探头偷看。

开普勒正拿着从哥白尼那里捡到的太阳模型球，在房间里来回踱步，一边走，一边小声自言自语，看来他经常这样走来走去，房间的地板都被他踏出一圈椭圆形的磨损痕迹。

为了听清开普勒在说什么，智小博打开了声音收集放大器，发现开普勒正在为他的老师第谷所留下的观测数据头痛，因为观测结果与托勒密的计算不完全相符，除非哥白尼说的是真的：六大行星都绕太阳旋转。但若继续像哥白尼一样用圆形轨道，将连续的观测数据填入火星运行表中，结果火星总是脱离轨道，所以轨迹也不是圆形的……

听到这一想法，珞珞和瑶瑶都大吃一惊，他们压着声音说："什么？！行星轨迹竟然不是圆形！"智小博赶紧做出"嘘——"的动作。珞珞还在小声嘟囔："我看书上画的都是圆形……"

但来不及了，他们的动静太大，已经被开普勒发现了。

"是谁在那里？"开普勒问。

三人走到了开普勒面前。

开普勒想起自己刚刚在哥白尼那见过他们，于是放松了警惕。

"你们是哥白尼的助手吧？来听听我刚发现的行星运动规律。"开普勒说着，便把从哥白尼那里拿来的太阳模型放在地板上，正好放在了他踩出椭圆的焦点上。

“我利用第谷老师观测的丰富的火星数据，以各种几何图线去反复拟合，终于发现火星的轨道是一个椭圆，而且更奇妙的是，无论行星怎么运动，太阳都在椭圆的焦点上。”接着开普勒又说道：“行星的速度也与其离太阳的距离有关。离太阳远时慢，近时快。我通过反复验算发现，只有放弃匀速假设，才能消除误差。最后找到了第二个规律：在相等的时间内，太阳和运动行星的连线所扫过的面积相等。”

珞珞觉得这个说法太帅了！瑶瑶却将信将疑。但又想了想哥白尼的遭遇，她这次选择相信开普勒的发现。于是瑶瑶和珞珞一起，依据开普勒所说的，分别站在椭圆的两侧，同时沿着椭圆逆时针行走了一段距离。

智小博站在椭圆之外，扫描着他们走过的面积，发现是一样大的。

瑶瑶心里想着：如果能亲眼看见行星的轨迹就更好了。

突然开普勒想起了什么，说道：“哎呀，我得赶紧去给皇帝占星了。”他跑到一旁的桌子上翻动着图纸，看起来像是一些星盘图。

“占星？”瑶瑶以为自己听错了。珞珞小声问智小博：“占星也是科学吗？”智小博回复道：“古今中外，都有人将星象和人类命运的关联，当作一门严肃的学问来对待。”

“是的，我认为星图的变化与人类的命运有关，虽然我还没有找到实证……”开普勒拢了拢手上的图纸，无奈地叹了一口气，继续说，“因为战争和各种别的原因，财政吃紧，我的薪水已经被拖欠很久了。为了养活家人和自己，我也不得不做一些占星的工作，好讨口饭吃……”他絮絮叨叨地说着话，收拾好东西就要离开。

本来珞珞还想再问一些关于行星轨道的事情的，但看到开普勒赶着出门，只好作罢。

临走前，开普勒拿出了一支细长的望远镜，说：“我在伽利略的望远镜上做了改进，将原本的一个凸透镜和一个凹透镜改为两个凸透镜，这样视野可以更广阔，成像也更清晰。如果你们有时间，能否帮我把这支望远镜带给伽利略？”

作为帮他送望远镜的报答，开普勒拿出了一个椭圆形的铜圆环。

珞珞接过了椭圆环，然后抱起了伽利略的望远镜。

智小博发现时空门已开在了去往三楼的楼梯上。

在走向时空门的楼梯上，瑶瑶说出她思考了好几遍的疑惑：“开普勒刚才告诉了我们，行星的轨道是椭圆的，与此同时，在相等的时间内，太阳和行星运动的连线所扫过的面积相等，这是两个定律。开普勒不是有三大定律吗？”

智小博回复说：“开普勒第三定律是 1619 年发现的，与第一第二定律相差了 10 年，部分原因是开普勒为了赚取生活费经常中断自己的研究。也因为资金缺乏，开普勒无法购买精密仪器或者雇佣助手，只能依赖第谷遗留的数据进行理论推算。据说，开普勒被拖欠了 20 年的薪资，累计超过 1 万金币。最后开普勒是在讨薪的途中病逝于雷根斯堡。”

瑶瑶听了，觉得又可惜又敬佩：“那真的不得不感叹，即便如此贫困，开普勒都以惊人的毅力完成了科学革命呀！”

三人就这样一边说着，一边穿过了时空隧道。

第七章
从斜面实验到自由落体运动

斜面实验与自由落体运动有关系吗？

由于物体做自由落体运动时，下落的速度很快，而16世纪还没有精准的计时工具，使准确记录时间成为困难，也难以进行精确的研究。

为了解决计时难题，伽利略设计了斜面实验。

伽利略（Galileo Galilei，1564—1642），意大利物理学家、天文学家，主张研究自然界必须进行系统的观察与实验，是近代实验科学与机械唯物主义的奠基者之一，是经典力学和实验物理学的先驱，也是利用望远镜观察天体取得大量成果的第一人。

伽利略设计的这个斜面实验是让一个光滑的小球从一个光滑斜面的某一高度滚下。这里的光滑是为了尽量减少摩擦力对实验的影响。

第一阶段：当小球从一个斜面滚下后，会滚上另一个对接的斜面。在无摩擦力的理想状态下，小球几乎能上升到与起始点相同的高度。这表明小球具有一种保持原有运动状态的趋势。

第二阶段：逐渐减小第二个斜面的倾斜角度。伽利略发现，小球为了达到原来的高度，会在斜面上滚动更长的距离。

第三阶段：当把第二个斜面放平，使其成为一个水平面时，小球将一直以恒定的速度沿直线持续运动下去，因为在这种情况下，小球再也无法找到与起始点相同高度的地方，它没有理由停下来。

在此基础上，伽利略合理外推到自由落体情况，因为当斜面的倾角达到 90° 时，物体沿斜面滚下就成了自由落体。斜面实验因此可以冲淡重力的影响。

因为自由落体运动速度快，很难精确测量时间与物体的运动细节，斜面实验就减小了重力对物体下落速度的影响，进而便于实验记录。

我们都知道，伽利略最著名的实验，就是在比萨斜塔上做的自由落体实验。这个实验证实了不论物体轻重，所有物体同时落地。只不过，虽然伽利略描述过他在某塔上做过的自由落体实验，但他本人的著作和手稿从未明确说过他是在比萨斜塔做的这个实验。

后来，伽利略在《两门新科学》中，建立了匀速运动和匀加速运动的定量概念；进而在斜面实验中获得了更多的教益：外力不是维持运动状态的原因，而只是改变物体运动状态的原因。

这一理论有力地反驳了亚里士多德“力是维持物体运动的原因”这一观点。伽利略证明，在理想情况下（忽略摩擦力等阻力），物体一旦具有某一速度，只要没有外力改变它的运动状态，物体将保持这一速度匀速直线运动下去。

这一实验也为牛顿第一定律（惯性定律）的提出奠定了基础，初步揭示了物体具有惯性这一重要性质，即物体具有保持原来匀速直线运动状态或静止状态的性质。

伽利略成为倡导并实践“实验加数学方法”的第一人。但他的实验并非我们普遍认知的观察实验，而是理想化的实验，因为地球上的任何力学实验都不能避免摩擦力的影响。但要认识基本的力学规律，首先要从观念上排除这种摩擦力，就需要这种理想化的实验，才可能与数学处理相配套。

那么这种思想实验是什么样的呢？

路路一手抱着伽利略的望远镜，一手拿着椭圆环，跟在智小博后面上了楼梯。

瑶瑶从地板上捡起了哥白尼的太阳模型，并带着离开了。

三人穿过时空门后，发现自己从比萨大教堂走了出来，眼前视野立马开阔起来。

广场上有一座高耸的圆筒形塔状建筑，但这座塔不是直直地立在地上，谁都看得出，它斜向了一边。

还没等智小博定位，瑶瑶已经脱口而出：“我们到意大利比萨城了！”而一旁的路路抱着开普勒要还的望远镜，有点不堪重负的样子。

智小博刚检索出比萨斜塔的倾斜始于 1178 年建造至第三层时，又立马锁定了躺在比萨斜塔前草地上的伽利略，便向路路和瑶瑶示意方向。

路路本来还想研究下望远镜如何使用呢，瑶瑶一看到伽利略就从路路手上把望远镜抢了过去，跑到伽利略身旁。

看着躺在地上的伽利略，瑶瑶说：“我们来帮开普勒还望远镜了。”

伽利略一直盯着比萨斜塔，根本没有看他们，只是淡淡地回着瑶瑶的话，说：“我现在很忙，正在做实验。”

瑶瑶和路路也一左一右地并排躺下了，说：“可是你没动呀。”“实验在哪儿呢？”

伽利略说：“我正在头脑里做‘思想实验’。”

“我想知道，物体自由下落的过程是不是均匀加速的，所以之前已经做了不同角度的斜面滚球实验。”伽得略接着说道，“结果发现，物体在斜面上是均匀加速的。因此我推测，自由落体也是均匀加速的。然后我产生了新的问题。”

伽利略瞟到了一旁还站着的智小博，于是想象着：一个穿戴着亚里士多德衣服、戴着假发和胡须、身上写着“亚里士多德”的智小博，正在用左右手分别丢下一块砖头和一根羽毛，砖头比羽毛下落了更多距离。

“那一大一小的两个铁球呢？”伽利略问道。

珞珞和瑶瑶一开始还试图说服对方，结果后来你一句变慢、我一句变快地吵了起来。

伽利略从草地上爬起来，让瑶瑶和珞珞握手言和，并用原先准备绑铁球的绳子将他们的拳头轻轻缠在一起，说：“其实当你们发现，同一个原理可以推导出两个矛盾的结论时，就已经证明了，最初的假设是不成立的。我正要去证明这件事，但我已经通过思想实验知道结果了。你们等着看看就知道了。”

接着，伽利略走上了比萨斜塔，从倾斜一侧的塔顶探出身子来，松开双手同时释放大小两个铁球。

站在比萨斜塔下的智小博严密地监控着地面，并宣布两颗球是完全同时落到了地上。珞珞和瑶瑶对此感到很惊讶。

珞珞说：“它们是一起落地的！”

瑶瑶说：“那砖头比羽毛下落得快是怎么回事呢？”

智小博说：“那是因为空气阻力！已经有宇航员做过这样的实验：在真空中从同一高度同时释放羽毛和锤子，结果它们也是一起落地的。”

这时，绑着珞珞和瑶瑶手的绳子发出了光芒。与此同时，时空门在一棵大树的树枝上打开了。一段半透明的旋转楼梯从树下绕着树干盘旋而上，直通那扇门。三人沿着楼梯盘旋向树上走去。

①
物体越重，下落越快。
②
那么同理可得，重的球下落比轻的球更快。真的是这样吗？

③
那如果把这两个铁球绑在一起，它们的下落是会变快还是变慢呢？
④
因为小球比大球慢，所以小球会拖大球的后腿，它们会变慢！
不对！因为小球和大球加在一起，形成了比大球更重的整体，所以他们会变快！

第八章
苹果为什么不会落到天上去？

相信有不少人都听说过牛顿与苹果的故事。

艾萨克·牛顿（Isaac Newton，1643—1727），英国物理学家、数学家、天文学家。

故事发生在300多年前。牛顿在一棵苹果树下，被一个掉下来的苹果砸到后就产生了这样的思考：苹果为什么落到地上而不会飞到天上去呢？之后牛顿通过思想实验发现了万有引力的存在。

这个思想实验是这样的：设想有一门加农炮架在一座非常高的山顶上。如果在没有任何引力和空气阻力的条件下，炮弹应该沿着发射的方向以一条直线的轨迹远离地球。如果有一个吸引力存在的话，炮弹会沿着一条不同的轨道运动，轨道的形状取决于炮弹的初始速度。

现在，我们将这个炮弹想象成一块石头。从高处向水平方向扔一块石头，石头就会呈抛物线运动，抛出的距离取决于石头的初速度。

为什么石头的运动轨迹会是抛物线呢？因为石头做了两种运动，一种是有一定初速度的水平匀速直线运动，一种是垂直下落的加速运动。

这一点伽利略也想到了，但止步于此。

牛顿并没有停止思考，而是继续提问。

如果继续加大水平速度会怎样？因为地球是圆的，如果石头的水平抛出距离超过地球直径的一半，是不是就会绕着地球，回到原地？

牛顿计算的结果显示，如果水平速度超过一个临界值，则石头会绕着地球做匀速圆周运动，停也停不下来，而且再也不可能掉到地球上来。

牛顿还发现，如果要维持这种运动，石头必须受到来自地球的一个固定不变的、可以隔空作用的、指向地心的作用力。牛顿就把这个力称为引力。这好比是在头顶甩动一个链子球，如果想要维持球的匀速圆周运动，就必须施加一个对球的拉力。石头的运动就好像被地球施加的无形的力牵引着。

上述所说的这个石头，不是实际的物体，而是思考之物，并未真实存在。

直到有一天，牛顿发现了天上的月球，牛顿想，这不就是被地球吸引的那块石头吗？月球就是被地球牵引着的石头，绕着地球做匀速圆周运动。

这也恰好解释了月球为什么不会掉到地球上来。是因为其公转产生的离心力与地球引力形成了动态平衡。

同样地，地球上的人能双脚站立而不会脱离地球表面，也是因为地球对人施加了指向地心的引力。本质就是地球质量引发的时空弯曲（广义相对论视角）或指向地心的万有引力（经典力学视角）作用，同时地面支持力与引力达成了力学平衡。

月球受到地球的引力绕着地球转，那么地球和其他行星绕着太阳转是不是也受到太阳的引力呢？引力是存在于任意两个天体之间的。万有引力的发现标志着天上的力和地下的力的统一。

我们先把绳子解开吧！

穿过时空门后，三人发现原本只有绿叶的树变成了一棵结满苹果的树。

珞珞眼见一个个饱满红润的苹果，正要去摘下来吃，才意识到手还和瑶瑶绑在一起呢。

两人便在一根稍微粗壮的枝干上坐了下来，先解开了绳子，然后交给智小博装好。

一重获“自由”，珞珞就立马摘下了两个苹果，一边自己等不及地啃了起来，一边用另一只手将苹果递给了一旁的瑶瑶。

不知是不是因为他们的肚子又饿了，苹果吃起来格外的香脆清甜。

智小博等到二人吃饱，三人才开始往下爬，突然树下传来“哎哟！”的声音。

三人从树枝上探头。原来是不小心碰掉的苹果砸中了树下的人。

三人赶紧跳下树来向这个人道歉，才发现面前的是大名鼎鼎的牛顿。

牛顿说：“没关系，我正在忙着做实验。”

瑶瑶左右看看，没有看见任何设备，问：“你也在做思想实验吗？”

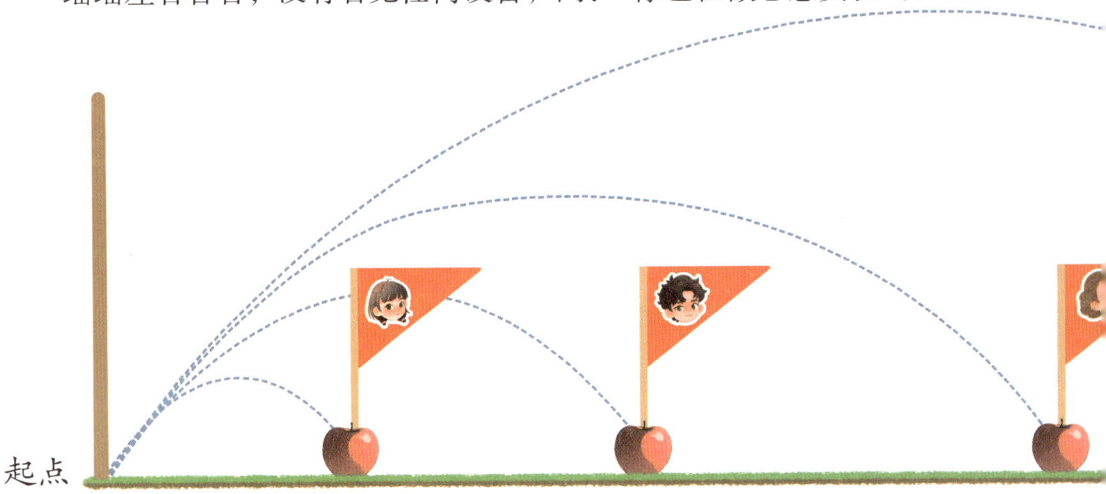

牛顿说：“是的，我称之为归纳演绎法。”

珞珞啃着还没有吃完的半个苹果，自顾自地想象起来：龟拿燕衣法？难道是一只乌龟把龟甲搁置在一边，身上披着燕子的黑色燕尾服，无毛的燕子则气冲冲地交叉抱手，盯着乌龟？

牛顿接着说道：“我在想，如果我向正前方丢出一个苹果，会怎么样呢？”

珞珞嚼着苹果，口齿不清地抢答：“我知道！苹果往前飞一段距离之后，就会掉到地上去。”

牛顿继续说：“没错。苹果会落地，是因为苹果和地球互相吸引，这叫作引力。那我们每个人都往前丢苹果，会有什么不一样的结果吗？”

牛顿说着，从地上捡起一个苹果，向前横抛出去。

珞珞和瑶瑶也学着他的样子，各自捡了一个差不多大小的苹果往前扔，都没扔出多远。

智小博也丢出一个苹果，一下子就飞到看不见的地方了！

瑶瑶说：“现在我知道了，我们的苹果会飞出不一样的距离。”

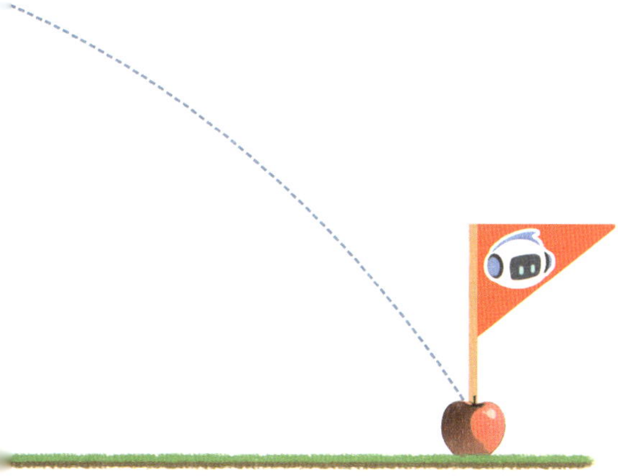

牛顿略微震惊地看着智小博，又捡起一个苹果举起来回复道：“对！智小博比我们丢得都远，是因为它的力气很大。如果力气再大一点，这个苹果可能会一直往前飞，绕地球飞一周还没有落地。这个绕地球飞行的苹果，就是月球！”

牛顿接着说：“想到这里以后，我继续想，如果有一座非常高的山，那里既没有引力，也没有空气阻力，在山顶用很大的力气发射一颗炮弹，炮弹就会直直地离开地球，飞行轨迹完全不会变化。如果有引力呢，炮弹的轨迹就会朝着引力方向弯曲，变成一条抛物线，炮弹的高度也会不断下降，最终落到地上。”

随着牛顿的大炮演说，三人想象着自己站在了一座山顶。珞珞把惊慌的智小博塞进了大炮，接着瑶瑶点燃大炮把智小博发射了出去。智小博先是横着飞离了地球，然后“轰”地一声，一头栽到了月球上，接着它又气呼呼地从时空隧道回来了。

牛顿最后补充道：“这说明，天上的力和地上的力其实是一样的。”

说到这里，牛顿一直拿在手中的苹果发出了微弱的光芒。

牛顿见苹果发光，吓得立即松开了手。苹果掉落处，一截阶梯像种子落地的植物一样生长出来，只上升了几步就通往一个平行于地面的洞口中。

三人相视一笑，接着向牛顿表示他们要走了。

瑶瑶捡起地上那个发光的苹果，几步跨上楼梯，挥挥手向牛顿告别，便跟着珞珞和智小博跳了进去。

如果没有引力，
智小博就回不来了！

幸好有引力，智小博只是
绕着地球转了一圈。

第九章 真正的人体结构

在 16 世纪的早期，巴黎科学界的教条主义盛行，人们更愿意从书本中而非实践中获取知识。

在人体结构领域占有统治地位的，还是古罗马时期医学家盖伦（Claudius Galenus，129—约 216）所提出的理论。同时由于宗教原因，解剖人体受到阻挠。

维萨里（Andreas Vesalius，1514—1564），比利时医生、解剖学家。近代解剖学的奠基人。意大利帕多瓦大学博士，后任该校教授。

维萨里对这样的风气十分不满，他不仅通过实际动手解剖人体来了解人体的真正构造，而且也用尸体解剖的方法进行解剖学的讲授。

据说为了找到解剖用的人体，维萨里曾挖掘过无主墓地。

通过解剖实践，维萨里很快就发现真正的人体构造与盖伦的理论描述并不相符。例如，盖伦认为人的腿骨像狗腿骨一样是弯的，但维萨里从未在人体解剖中见过弯的腿骨。实际的验证让维萨里惊觉多年来大家学习的教科书中，描述的根本就不是人体的结构！

维萨里通过不断地实践研究，将发现通过文字记录下来，并使用精确的插画展现人体部位的构造，终于在1543年汇总出版了一部划时代的人体解剖巨著——《人体构造》。在这部书中，维萨里详细地记叙了人体骨骼、肌肉、血液以及各种器官的解剖构造，并附上了300多幅精美插图。

维萨里通过解剖观察，首次完整地了解了人体的肌肉和骨骼构造。维萨里不仅以实证取代盲从，用人体真相推翻动物推论的传统，也为近代人体结构学和解剖学的发展奠定了基础，维萨里也因此被称为“解剖学之父”。

怎么这么黑?
智小博打开手电筒。

三人一跳进时空门里，就直往下坠，直到落到了一个伸手不见五指的地方。

地上是松软的土，抬手能摸到两边的土壁。

瑶瑶听见了珞珞在一旁抱怨的声音，也听见了智小博运行的电机声，远处好像还有虫子和鸟类的叫声，随即明白三人还待在一起，只是现在的时间可能是深夜，已无法看清四周了。于是她让智小博打开手电筒。

智小博照做了，周围的景象被照亮了，他们在一处土坑里，土坑外面全是墓碑和土丘。

“我们这是在……墓地？！”珞珞看到眼前的一切吓坏了，哆哆嗦嗦地问，“我们怎么掉到这这这儿了？！”

瑶瑶看到旁边还有一辆破破烂烂的两轮手推车，车上竟然堆着一些骷髅架子和白骨，只能故作镇定。

智小博听到有脚步声靠近，它赶紧关上了此时还没发明出来的手电筒。

一个长着络腮大胡子的男人举着火把走了过来，不满地大喊：“你们就是新来的助手？迟到太久了！赶紧把骨头都装上推车，跟上来！”

于是在男人的催促下，智小博推起堆满白骨的小车，珞珞和瑶瑶抱起小车旁用布包起来的白骨，跟在男人身后走着。

智小博偷偷回头对珞珞和瑶瑶说：“他好像是维萨里。”

瑶瑶说：“就是那个挖掘无主墓地来研究骨骼的维萨里？！”

珞珞脸色惨白地看了看怀里抱着的东西，不敢抱紧也不敢松手，说：“太太太可怕了……”

维萨里一边在前面走着一边小声嘟囔：“现在的医学生都只会背书，一听说要摸人骨就全跑了！不亲手实践，这样可是学不好的！”他骂骂咧咧地领着三人离开了墓地，穿过无星无月的夜路。大概因为火把的光线太暗，维萨里并未完全注意到跟在身后的三人还是孩子。他们走进一间工作室。维萨里说着：“提香，这是最后一批了。”

提香习惯地安排着自己的学生卡拉卡工作，接着说道：“这是新招来的？”

维萨里这才看清了珞珞、瑶瑶和智小博的样子，问：“你们是怎么跟过来的？”

瑶瑶简单解释了一番说是来帮忙的就混了过去。此时一旁的卡拉卡已经开始了绘制，熟练落笔下流畅的线条立马吸引了三人。

维萨里一边拿起工具和骨头，开始了清理工作，一边说：“既然你们对绘制感兴趣，就帮忙把今天带回来的骨头初稿画完吧。”

珞珞看向了那被骨头堆满的小车，大声抗议：“太多了吧！这比把它们挖出来更可怕了！”

维萨里指着墙边已经画完的骨头小山说：“之前的更多呢，这已经是最后的了。看在你们是新来的份上，就跟其他学生们一起工作吧，你们只要画出大致的骨头形状就好，其他学生会继续画完的。”

瑶瑶听到这里，松了一口气，她可画不出卡拉卡那样精美的人体素描。

但珞珞还是愁眉苦脸，他可一点也不喜欢画画。

卡拉卡向他们示范了如何仔细地把骨头形状描到纸上，他的素描画得又快又专业。维萨里也时不时过来指导一番，细致地完全不像之前夜色中那个可怕的掘墓人。

教过基本的操作之后，维萨里马上开始催促，让他们赶紧画，并且又开始抱怨：“不实践是不行的，如果书本教错了，还怎么给病人治病呢？”

瑶瑶听了有点脸红，加快了画画的速度。

洛洛偷偷挪到智小博身边，小声问："智小博，能不能用你的扫描功能帮他画？我们用手一个个画，要画到什么时候去呢？"智小博拒绝了他，因为这个时代还没有扫描打印机，最好不要使用这项超前的技术。

瑶瑶、智小博正在认真画骨头的时候，珞珞只是心不在焉地画了几个歪歪扭扭的草稿。他既不喜欢画画，也不喜欢写作业，于是趴在桌上四处张望。突然，他发现墙上有一些已经完成的骨骼画，落款人是克劳迪亚斯·盖伦，时间是 2 世纪。虽然这些画看上去很旧，但内容已然很清晰。

珞珞有主意了。他趁其他人都埋头工作时，悄悄地离开了堆满空白牛皮纸的桌子，转身去墙上取下这些画开始"抄作业"，毕竟临摹可比画实物简单多了！这下子他画骨头的速度马上就快了起来。画完了小骨头后，他拿起一根很长的大腿骨，也很快就找到了对应的腿骨作品。他十分得意，一边画，一边小心不让其他人发现自己的作弊行为，完全没有注意到，画里的腿骨有着奇怪的弯曲。

很快珞珞就捧着一沓牛皮纸交给了卡拉卡，说自己画完了。而其他人都还剩下一大半，正在埋头工作呢。于是珞珞又趁大家不注意，把盖伦的骨骼画挂回原处，自己玩起了轮滑鞋，在工作室有点狭窄的过道里溜来溜去，结果没注意到地上零散的骨头，狠狠地摔了一跤，疼得大哭起来。

维萨里听见动静，马上赶到珞珞身边查看。他伸手一按，说："糟糕！你的大腿骨折了。但是不用担心，我们刚才已经完成了《人体构造》的这一章内容，我这就照着书给你治疗！"

一眨眼的工夫，珞珞的腿治好了，但却像小狗的腿一样弯着，也站不起来。所有人都很惊讶，珞珞更是吓得眼泪打转。

维萨里摸着他的大胡子，就像在摸下巴，他说："这不可能，我是严格按照《人体构造》来治的，这本书上只有真实的器官素描！"

路路哭得更厉害了，指着挂回墙上的画说："我是不是画错了？！我抄了盖伦的作业，他也画错了？！"

瑶瑶看向路路指的挂画，惊讶地说："盖伦的理论已经过时一千三百年了！他确实画错了。"

维萨里马上明白过来是怎么回事，再次施展医术，治疗路路的腿，这次是按照真实人体腿骨的形状来治疗的。

治完后的路路腿上绑着绷带，手拿一根掘墓的铁锹做拐杖，向大家承认自己的错误。他说："对不起，我不应该偷懒抄作业，更不应该骗人说抄来的作业是我自己画的。"

维萨里也干脆丢掉盖伦的骨骼挂画，气愤地说："如果科学研究不诚实，世界就乱套啦！"

卡拉卡在一旁，迅速地修改了那页大腿骨素描。当最后一笔落下时，这页正确的人体大腿骨素描牛皮纸发出了光芒。

智小博快速地从自己的扩展包里，将还未转化成碎块的物品拿出，分别递给了瑶瑶和路路。

瑶瑶拿着哥白尼的太阳和牛顿的苹果，路路拿着开普勒的椭圆环，智小博拿着伽利略的铁球绳。

当五件东西碰到一起时，变成了第二个五面体，与之前那块的形状大小一样。

时空门这时也在工作室顶部的通风窗上打开了，一座由《人体构造》手稿和骨头堆成的小山靠在窗下的墙边，半透明的台阶在骨山上铺成了一条路。

走上台阶时，路路认真地感受了自己熟悉的双腿，还有些后怕。他想，以后一定要做一个诚实的人。

三人走上了这段隐约透出骨山的阶梯，从窗户钻了出去。

第十章
时尚的电学——莱顿瓶

18 世纪是科学发展的关键时期，科学知识开始普及，技术革新推动社会进步。重要事件包括工业革命的萌芽，牛顿力学的传播，化学的起步（拉瓦锡），生物学的分类（林奈），还有科学组织和出版物的兴起。其中科学普及和大众化的关键点，有百科全书、科学沙龙、公共讲座等。

牛顿的著作《自然哲学的数学原理》是经典力学的奠基之作，系统阐述了牛顿力学体系的核心内容，也是人类科学史上首次用统一数学模型解释宇宙运行的里程碑。其中，还值得一提的是该书的法语翻译与注释者埃米莉·杜·夏特莱（出生名为加布丽埃勒·埃米莉·勒托内利耶·德布勒特伊，Gabrielle Émilie Le Tonnelier de Breteuil，1706—1749），她的工作架起了牛顿学说与欧洲大陆科学界的桥梁，其翻译不仅是语言转换，而且是科学解释与哲学思辨的典范，更挑战了 18 世纪科学领域的性别壁垒。

科学自此越来越面向实用技术，也越来越为整个社会所了解。

1745年，荷兰莱顿大学的物理学教授马森布洛克（Pieter van Musschenbroek，1692—1761）做了一个试图使水带电的实验。他在一个玻璃瓶中倒进水，用软木塞塞住瓶口，让一根铜丝穿过软木塞，通入瓶内的水中。马森布洛克摇动电机，使铜丝带电，他的助手拿着玻璃瓶，却因为助手的另一只手不小心碰到了黄铜丝，被猛烈地电了一下而大叫起来。这个现象表明，玻璃瓶可以储存大量电荷。由于玻璃瓶储电实验是从莱顿大学传开的，这种储电瓶就被称为莱顿瓶。

莱顿瓶的发明，标志着人们开始对电的本质和特性进行研究。这个发明也解释了，闪电并不是当时人们以为的“上帝之火”或“煤气爆炸”，而是大量电荷汇聚产生的巨大能量。

为了向人们展示这些电学原理，当时的科学家们利用莱顿瓶进行公开表演。与此同时，科学通过实验表演抓住了公众的想象力，激励了启蒙运动的思想家们。表演的需求又推动了科学仪器的产生和改进，科学家们比以往更容易获取更精密的仪器了，也为实验科学的推进铺平了道路。

智小博，能不能问问科技馆，这个拼图最后会变成什么形状？
快来看！它们拼起来了！
我知道了！机器人也要“吃饭”——我们带它去充电！
是啊，我们一路上，吃了大麦饼和咸鱼，在毕达哥拉斯那里吃了面包和牛奶，还在牛顿那里吃了苹果，但智小博还什么都没吃呢。

三人穿过窗户，从一条走廊的矮门里出来了。

瑶瑶和珞珞发现，这两个五面体的形状和大小完全一样，但仍然保留着之前那些历史物品的纹理和材质。并且这两个五面体放在一起时，会像小磁铁一样，轻轻地吸到一起。他们边走边聊，突然发现智小博没了声响。

定睛一看，智小博已经眼冒“蚊香”，快没电了，它现在已经进入了省电模式，只能在脸上显示一个空电池图案，笨笨地跟在人后面走，暂时失去了智能，急需充电。

但他们马上就遇上了难题。这是1745年，这个年代连插座都还没发明，去哪能充电呢？

走廊的尽头，一扇门突然被打开了。

一个满脸焦黑、头上冒烟的爆炸头正气冲冲地跑出来，大叫着：“电死我了！我不干了！”

三人就这样呆呆地看着他经过面前，直到跑远了。

珞珞反应过来，有“电”！他朝着走廊尽头的那扇门跑去，想看看究竟是怎么回事。

房间里，诺莱特正在向马森布洛克发脾气：“这下好了！我已经找了七百多个修道士来参与实验了，全都在外面等着呢，但你的助手却跑掉了！全巴黎的人都在街上等着看呢，他们都不耐烦了，现在我们去哪里找帮手？”

瑶瑶站出来说：“你们在做什么样的实验呢，需要帮忙吗？”

珞珞也说：“但也不是白帮忙的，如果你有电的话，我们可以当你的助手。”

马森布洛克看见这几个人，赶紧说：“有电，这是莱顿瓶，电就在这里面。”

诺莱特说：“我准备让所有人手牵手站成一排，然后为首的助手要碰一下这个瓶子，这里面的电就会放出来，并流过牵着手的所有人。这是一个面向公众的大表演！”

珞珞一听说瓶子里装的是电，马上拉来省电模式的智小博，举手说：“没问题，我们来当你的助手！”

于是他们陆续来到了室外，发现这里竟然是巴黎修道院门前，真的有七百多个修道士已手牵手地站成一排，队伍长得看不见尾巴。除了这些列队的人，街上还有很多人来看热闹。

马森布洛克端着他的莱顿瓶走过来，他小心翼翼地只抓玻璃瓶下端，双手离莱顿瓶上方戳出来的金属球远远的。

诺莱特向人们大声说：“看好了！现在，我们将用科学的力量，放出闪电！”

珞珞本想让智小博站在队首，一只手牵着修道士，另一只手去摸莱顿瓶，但省电模式的智小博已经执行不了抬手的动作了。

瑶瑶说：“没办法了，看来我们只能把智小博夹在中间了。”

于是，七百多个修道士、瑶瑶、呆呆的智小博、珞珞依次站好，瑶瑶和珞珞分别伸出一只手，牵起了智小博，确保电流可以通过它的身体。在队首准备好以后，珞珞按照马森布洛克的指示，用空着的那只手去碰玻璃瓶上的引线。

突然之间，所有七百多个人都一起跳了起来！每个人的头发都竖了起来，好像人人头上都顶着海胆。

围观的人们看见这个滑稽的样子，全都哈哈大笑起来。人们纷纷说，莱顿瓶太好玩了！

现场表演大获成功！所有人都在感叹这个装着电的神奇小瓶子。诺莱特正忙着向人们耐心解释莱顿瓶的原理，马森布洛克则过来感谢路路与瑶瑶，还说："这下大家都知道科学的厉害了！这个莱顿瓶送给你们，我要去准备更大的莱顿瓶。"

顶着爆炸头的瑶瑶和路路接过了已经放空电的莱顿瓶。虽然这个瓶子发出了历史碎块的光芒，时空门也隐隐地出现在街角了，但三人并没有急着离开，因为这个莱顿瓶的电量太小了，只刚好够智小博醒过来，它的电量还是很低。

瑶瑶问马森布洛克："哪里能有更多的电？"

马森布洛克想了想，说："想要更多的电，你只能去找那个放风筝的怪人了。"

马森布洛克说的怪人是富兰克林。虽然万般不情愿，智小博还是被绑在了富兰克林的风筝线下面，一道闪电打来，智小博的电量马上就充满了。

富兰克林看到智小博完好无损，惊叹道："我上次将几个莱顿瓶连接起来，结果自己不小心碰到了，可昏迷了好几天呢！"

智小博充好了电，又干劲十足起来，开心地看着瑶瑶和路路，然后转身回复富兰克林："是的，先生，捉取天电还是很危险的，做实验请一定要做好防护措施！"

第十一章
拉瓦锡的实验室

拉瓦锡（Antoine Laurent Lavoisier，1743—1794），法国化学家。诞生在法国一个富裕的家庭里。按照家族传统，他学习法律，获得法学学士学位，并注册为巴黎律师公会的见习律师。但之后他转身走向了科学研究。

当时，人们相信水可以变为土。拉瓦锡不太相信，使用精确的定量实验验证了水并不能变为土。此时仪器的进步也与科学需求形成共振，进而推动拉瓦锡寻求新的试验场。

拉瓦锡最终以精密天平和质量守恒思想使化学脱离了由现象堆砌和充满炼金术的混乱状态，明确了化学是研究物质组成与变化的科学。由此拉瓦锡成为近代化学的开创者，他在化学领域中的贡献，可以与牛顿在物理学中的贡献比肩。

拉瓦锡化学革命的核心是对燃烧问题的研究，以及对“燃素说”的否定。18 世纪主流理论认为，燃烧是物质释放“燃素”的过程，但无法解释金属煅烧后质量增加的现象。拉瓦锡在重复前人的实验时发现，燃烧磷和硫之后所得的物质，比二者本身的质量之和还要重。因此他断定一定是空气中的某种东西加入了反应。

1775年，拉瓦锡重做了普里斯特利（Joseph Priestley，1733—1804）发现“脱燃素空气”的实验，进一步明确燃烧即与空气较纯净部分相化合的结论，拉瓦锡称这个部分为“最宜于呼吸的空气”，1779年又将其改为“氧”。后来拉瓦锡又在卡文迪许（Henry Cavendish，1731—1810）和普里斯特利实验的基础上，证明了水不是一种单纯的物质，而是两种气体的化合物。至此，大量实验已表明，燃烧现象是一种氧化现象。

1787年，拉瓦锡与化学家德莫瓦（Guyton de Morveau，1737—1816）、贝托莱（Claude-Louis Berthollet，1748—1822）等人一起出版了《化学命名法》，使近代化学第一次有了严格、统一、科学的物质命名方法。

1789年，拉瓦锡完成《化学纲要》。书中不仅谨慎地列出了当时已知元素的元素表，还阐述了在化学反应过程中物质守恒的思想。书中的插图全部由拉瓦锡的妻子玛丽·波尔兹（Marie-Anne Pierrette Paulze，1758—1836）绘制。玛丽不仅帮助拉瓦锡整理实验记录和笔记，还学习英文以便及时将英文文献翻译给不懂英文的拉瓦锡看，是拉瓦锡事业的好帮手。

拉瓦锡实验室
拉瓦锡实验室。
这次我们要做化学实验了吗？
看来应该是这样。
我们在1774年，根据历史记录，拉瓦锡正在这里进行汞加热实验，这是化学史上的一次重大突破。

阳光透过薄雾洒在巴黎的街道上，空气中弥漫着微微的潮湿气息。

珞珞、瑶瑶和智小博来到一扇古朴的木门前，门边还挂着一块精致的木牌，上面写着“拉瓦锡实验室”。

智小博正想用它的机械手臂敲门，门突然被猛地拉开，一个中年男子冲了出来，脸上带着焦急的神情。他正是拉瓦锡，一位在化学界有着举足轻重地位的科学家。

“我等不了了！”拉瓦锡一边夺门而出一边自言自语，他的声音里充满了焦虑。看到迎面撞上的三个陌生人，他不解地问道：“你们是谁？”

瑶瑶被如此突然的开门吓得愣在了原地。于是智小博不慌不忙地礼貌问道：“拉瓦锡先生，你遇到什么麻烦了吗？”

拉瓦锡眼中闪过一丝惊讶，随即又恢复了焦虑：“我的实验急需一批器材，可与我长期合作的工匠生病了！没有器材，我的实验就无法进行！”

什么器材？珞珞想着，探头往实验室里看，发现到处都贴着拉瓦锡的实验笔记，大量的文字里间或插入了很多歪歪斜斜的器材示意图。珞珞捂嘴偷笑，心想着拉瓦锡画器材的技术跟自己画骨头的水平差不多。

一位女士跟在拉瓦锡的身后，听到智小博的声音，也从实验室里走了出来。她穿着素雅的长裙，看到三人后露出了和蔼的面容。此人正是拉瓦锡的夫人玛丽。

“你们好，请原谅我丈夫的失礼，他只是太着急了。”玛丽微笑着请站在门口的几人进入屋内，继续说道，“我们需要一批玻璃做的实验仪器。你们知道附近有会烧制玻璃器材的人吗？工匠们的工坊就在对面，那里有烧制玻璃的材料和工具。”

瑶瑶好奇地顺着玛丽指出的方向看过去，透过拉瓦锡实验室的窗户，她看到了对面的工坊里堆满了各种材料和工具。“我们可以试试，请问需要烧制什么样的器材呢？”她问。

“是玻璃烧瓶和烧杯……”拉瓦锡指着实验室里的几个样品，“这些器材对于我的实验至关重要。”

珞珞挠了挠头，小声问智小博：“你的数据库里有烧玻璃的方法吗？”

智小博不动声色地搜寻了一圈，偷偷点了点头。“只是……”还没等智小博把话说完，珞珞马上自信地说：“烧玻璃有什么难的？我们就能做！”

“原来我们不是要做实验，而是要做实验器材。”瑶瑶低声说。

没多久，他们已经在工坊里生起了炉火，智小博挑选了符合这个时代烧玻璃的方法教给珞珞和瑶瑶。三个人围在炉子旁，火焰在炉膛里跳跃着，发出噼里啪啦的声音。

珞珞拿起一根玻璃管，小心翼翼地靠近火焰，试图吹制出一个烧瓶。然而，他的第一次尝试就以失败告终。因为玻璃还没有完全冷却定型，珞珞就停止了旋转，于是玻璃开始下垂，到最后玻璃定型时，变得既不像烧瓶，也不像试管，反而像一根透明的胖香蕉。“哈哈哈，这太难了！”珞珞看着“胖香蕉”又好笑又无奈，只能把失败的作品放在了一旁。

瑶瑶则非常小心谨慎，她用一根布条穿过弯曲的染色玻璃两端，做了一副简易的护目镜，并将其戴上。然后再开始小心翼翼地进行烧制的工作。

瑶瑶一边调整玻璃的形状，一边旋转手中吹管，以保证烧瓶不会往某一个单独的方向下垂太多，只是这样需要花很长的时间才能吹制出一个勉强像样的烧瓶。而且虽然做出的烧瓶形状还算规整，但瑶瑶不确定这是否符合拉瓦锡夫妇的要求。

智小博在一旁静静地观察着，它的数据库里虽然有现代化学器材的精确尺寸数据，但却不能用于18世纪的器材。这也是它刚才还未表达完的内容。同时它也不敢过于靠近高温玻璃，毕竟它金属的身体很容易导热，高温如果传导到身体内部，可能会破坏它的电路板。它教完珞珞和瑶瑶怎么烧玻璃之后，就不停地帮他们准备用于坩埚窑的木炭，并伸长着手臂站得远远地调节通风。

少了智小博，瑶瑶和珞珞的制作速度非常慢，瑶瑶担心这样的效率会让他们无法按时完成拉瓦锡的这份工作。再看着这些不成形的作品，瑶瑶叹了口气道："看来我们真的需要一些指导。"

就在这时，玛丽走进了工坊。她看到三人手忙脚乱的样子，忍不住笑了起来："看来你们遇到了一些麻烦。"

"是的，我们不知道如何做好了，有种似像非像的感觉。而且也不确定怎样形制的烧瓶才能真正符合拉瓦锡先生的需求。"瑶瑶有些沮丧地说。

玛丽走到他们身边，从口袋里掏出一本小册子，上面画着精美的插图。"这是我绘制的实验器材图，或许能帮到你们。"她把小册子递给了瑶瑶。

瑶瑶接过小册子，仔细地看着上面的插图。图中详细地展示了烧瓶和烧杯的形状、尺寸，甚至连烧制的步骤都标注得清清楚楚。

"这真是太棒了！"瑶瑶兴奋地说，"有了这个，我们一定能成功！"

珞珞也凑过来看，发现玛丽手绘的器材图像机器打印的一样好。他想起在实验室里看见拉瓦锡先生画的那些粗糙的草图，心想：看来玛丽真是帮了拉瓦锡大忙了！原来拉瓦锡的成就一直都少不了玛丽的参与，只是这个时代的人们并没有注意到。

在玛丽的指导下，三人开始重新尝试。

珞珞这次更加细致了。他按照插图上的步骤，一步一步地慢慢吹制着玻璃。虽然还是失败了几次，但形状却越来越接近目标了。

瑶瑶则凭借自己的耐心和细心，很快掌握了技巧。她做出的烧杯和烧瓶越来越规整，速度也快了起来。

智小博虽然不能直接上手烧玻璃，但可以利用它的机械手臂和精准的计算能力，根据插图上的数据，微调半成品的形状。凭借着精确地控制，它让器材的质量变得更高了。

“看，这个一次就成功了！”珞珞兴奋地举起一个刚刚吹制好的烧瓶，虽然形状还有些轻微的歪斜，但已经完全可以用于实验了。

“我也做好了！”瑶瑶拿起一个曲颈瓶，脸上洋溢着成就感和好奇心，“但是这个形状奇怪的烧瓶是做什么用的呢？”

智小博默默地将制作好的器材整齐地摆放在一旁，清点数目，并用柔软的稻草和布料包好，以便搬运到对面去。

“太好了！”玛丽看到他们制作的器材，脸上露出了笑容，“有了这些器材，我们的实验就可以继续了。”

回到拉瓦锡的实验室，三人将制作好的器材交给了拉瓦锡。他接过器材，仔细地检查了一遍，脸上露出了满意的笑容：“这些器材做得非常好，你们帮了我大忙！”

拉瓦锡拿起瑶瑶做的那只曲颈瓶，小心翼翼地将汞放入瓶中，开始他的汞加热实验。

珞珞、瑶瑶和智小博则站在一旁，好奇地看着。曲颈瓶的大肚下方，火焰正在发出炙热明亮的光芒。曲颈瓶口通往一只同样装着汞的槽型容器内，瓶口高出液面，一只玻璃钟形罩扣在瓶口的上方。汞槽和钟形罩一起将罩内的空气与外界隔绝开了。火焰继续燃烧着，随着时间推移，曲颈瓶内的汞表面慢慢出现了一些红色的粉末，与此同时，钟形罩内的液面则缓缓上升了五分之一的高度。加热仍然在继续，但钟形罩内的液面不再继续上升了，曲颈瓶里的红色粉末也不再增加。

拉瓦锡仔细地观察着，说道：“这些红色粉末是汞和空气中的成分反应生成的，证明了空气不是一种成分单一的气体，而是由不同的气体组成的。”

拉瓦锡对这些气体进行了研究，得出结论：钟形罩内剩余的气体不支持燃烧，也不可用于呼吸，而消耗掉的部分不仅助燃而且支持呼吸。接着拉瓦锡直接加热红色粉末，得到的气体体积与原消耗的体积相等。再将这些红色粉末加热生成的气体与钟形罩内剩余气体混合后又恢复成空气。

“成功了！”拉瓦锡兴奋地喊道，“燃烧是物质与宜于呼吸的空气结合的反应，汞增重源于吸收了这部分气体而非燃素逸出。”

珞珞、瑶瑶和智小博都为拉瓦锡的成功感到高兴。他们知道，这个实验不仅改变了化学的历史，也让他们对科学有了更深的理解。

“谢谢你们，没有你们的帮助，我无法完成这个实验，”拉瓦锡感激地看着他们，“请留下这只曲颈瓶作为纪念吧。”

“不用谢，我们很荣幸能帮到你，”瑶瑶接过曲颈瓶说，“而且我们也明白了，如果没有合适的化学器材，化学实验也无法进行。”

告别了拉瓦锡夫妇，三人走出拉瓦锡的实验室，珞珞突然发现对面的工坊中央出现了一道光芒。他指着那边喊道：“快看，那里有光！”

三人急忙跑进工坊，只见已经熄灭的坩埚窑上空出现了一扇门，几节台阶从地面通向这扇半层高的门。

“看来时空门一直在这里，只是我们没有注意到。”智小博说。

“是啊，有时候我们需要换个角度才能看到答案。”珞珞想起拉瓦锡夫妇的手绘图，点了点头。

三人一起踏上了台阶，走进时空门。在他们背后，拉瓦锡正在写实验笔记，玛丽正在为这些笔记画上插图。

第十二章
从技术发明到机械革命

18世纪，英国发起第一次工业革命，一系列发明无疑对这次工业革命起着重要作用。纺织机是第一次工业革命的突破口。

1765年，哈格里夫斯（James Hargreaves，1710—1778）发明珍妮纺纱机，使纺纱效率提升数十倍，引发了纺织机械的连锁创新，解决了生产瓶颈，使纺织业成为工业革命首个实现机械化的行业。纺织机械的普及又促使传统手工工场向工厂转型。

1771年，阿克赖特（Richard Arkwright，1732—1792）建立的水力纺纱厂标志着现代工厂制度的诞生。集中化生产模式加速了资本积累和劳动力分工，为工业革命的深化奠定基础。

与此同时，纺织机械的普及暴露了水力、畜力等传统动力的局限性。由此蒸汽机推动工业革命进入“蒸汽时代”。

实际上，早在公元1世纪，希罗（Heron，生卒年不详）的汽转球就出现了，这是一种依靠蒸汽作为动力来转动的装置。

1698年，英国工程师托马斯·萨弗里（Thomas Savery，1650—

1715）发明了一个被称为“矿工之友”的蒸汽泵，并获得该项专利。蒸汽泵是第一台投入使用的蒸汽机，不过它的目的只是抽水，解决矿井的排水问题。

1705 年，托马斯·纽科门（Thomas Newcomen，1664—1729）与萨弗里一起讨论后改进了方案，设计出的蒸汽机结合了巴本汽缸活塞和萨弗里冷凝蒸汽产生真空的特点。但同样只能用于矿山抽水，不能满足新的需求。

直到瓦特（James Watt，1736—1819）的出现。瓦特生于苏格兰的一个工人家庭。在格拉斯哥大学做机修工时，他认识了著名的物理学家布莱克，学习了许多热学知识。1763 年，在奉命修理一台纽科门蒸汽机时，他发现纽科门蒸汽机的热量浪费太大。直到 1765 年，他想到在气缸之后再加一个冷凝器的主意。瓦特相继发明了多个蒸汽机上使用的重要部件，并于 1769 年制造出第一台样机。到 1790 年，瓦特蒸汽机几乎全部取代了老式的纽科门蒸汽机。

瓦特蒸汽机的广泛利用使工业革命达到新的高潮，大规模生产不仅可能而且成为必要。

蒸汽机不仅驱动纺织机械，还带动了冶铁（改进鼓风机技术提高铁产量）、交通运输（汽船、火车）等行业的革新，形成“纺织需求→蒸汽动力→重工业发展”的良性循环。

哇，好凉爽啊！
这里是哪里？
这里是蒸汽时代，一个充满机械和发明的时代。

阳光洒在一片河边的草地上，微风带来一丝凉爽。

珞珞、瑶瑶和智小博从一扇单独立在草地上的门里走了出来。

三人环顾四周，发现不远处人潮涌动，看起来是一片户外集市。

这时，有一艘船缓缓驶来……

“快看那边！”瑶瑶指着河里的那艘船，六对木桨被安装在支架上。

走近一看，一个穿着背带裤、戴着圆顶帽的中年男子正在向岸边围观的人群介绍他的发明。他叫菲奇，是这艘汽船的发明者。

“拥有它，你在小河上游船观光的时候，就可以躺下偷懒了！”菲奇兴奋地向大家介绍他的汽船。

这艘汽船的船身由木材制成，底部的一台小型蒸汽机通过连杆带动那些木桨，如同模拟人的手臂划桨。

珞珞听了菲奇的话，感到很奇怪，转头问智小博：“躺下偷懒有什么奇怪的，难道人们以前坐船时，是不能休息的吗？”

智小博说：“在蒸汽时代之前，行船主要还是依靠人力、风力，还有水的自然流动。如果碰上没有风、水流也比较平静的地方，人们就只能自己用桨划船了，这可是个体力活。”

“原来是这样，蒸汽动力可太有用了！”珞珞惊叹道，接着他想象着自己躺在这艘汽船上，抱着零食和饮料，机器运转着带动六对木桨划水，汽船在河面上徐徐前行。

“不过，这艘船看上去只有几个木架子，非常原始的样子，真的能用吗？”瑶瑶有些怀疑地问道。

菲奇听到后，自信地笑了笑："当然可以！它只需要一点蒸汽动力，就能自动划船，让你轻松享受水上时光。"

"菲奇的汽船根本经不住风浪，不如看看我这款！"一个声音从不远处传来。围观菲奇汽船的人们转过头，被另一个更大的装置吸引了注意。那是一艘大得多的汽船，正沿着河道缓缓驶来，船身由钢铁打造，烟囱里冒着黑色的烟。一个身材高大、穿着风衣的男子正站在船头向围观的人群喊话，介绍他的发明。他叫富尔顿，是那艘汽船的发明者。

富尔顿大声说道："蒸汽动力，豪华尺寸，钢铁打造，只需要一个人在船舱里烧煤就行！"

富尔顿的话引起了人群的阵阵惊叹。他带着自豪的笑容，继续向大家展示汽船的细节，特别是那根高耸的烟囱和船身两侧由多个桨叶组成的明轮。"机器就应该用机器的方法划船，而不是模仿人类。"他轻蔑地看向菲奇的汽船。

"有这样的船，人就可以去更远的地方了！"瑶瑶感叹道。

"我们上去体验一下吧？"珞珞跃跃欲试，兴奋地说道。

智小博回头观察岸上热闹的集市，又转回来对珞珞说："这艘船开走可能就不好回来了，还是先去集市看看吧。"

珞珞明白智小博说得有道理，18 世纪英国的交通虽然已经有一定规模了，但当然还是不如现代城市那样发达。他只好恋恋不舍地同意了。三人离开河边，往集市走去。

集市的正中有一片广阔的展览场地，四周摆满了各种各样的机器和装置。人群穿梭其间，围观和试用这些新奇的发明，售卖者则大声地介绍着自己的产品。

三人先看到了一台水力纺织机。这台机器看起来非常坚固，由钢铁和木材组成，上面装满了复杂的管道和齿轮。机器的齿轮此时正飞速转动着，发出嗡嗡的声响，机器上的棉线整齐地排列成行。

一位头戴全白色卷曲假发、穿着棉麻混纺深色外套的商人向围观的人群介绍道：“这台纺织机用前所未有的超快速度纺织，而且价格更便宜！”旁边有几个纺织工在小声抱怨：“就是这台破机器抢了我的工作！”

珞珞和瑶瑶看着机器快速地织出布料，心情复杂：这种高效的机器确实改善了人们的生产和生活，让服装制造变得更加普及和便宜，但同时也改变了纺织工人们的命运。

三人继续往前走，看到了一台两层楼高的抽水机。一个矿工模样的男子向围观的人群介绍：“家里有矿的朋友都知道，在地下挖矿很容易挖到水，一桶一桶地提水上来太麻烦了。这款矿工专用抽水机可以帮你解决这个问题。蒸汽动力，自动提水，为矿工排忧解难，节省力气！”

不远处，一台蒸汽鼓风机也正在工作着。整个机器看起来像一台巨大的风扇，不停地向炉子里吹着热风。旁边是一堆烧得通红的铁矿石，正在被炼成钢铁。

“来看看，来看看，挖上来的铁矿可以马上在大火中炼成钢！”一个工人也正卖力地向围观的人群介绍道。

这时，一辆巨大的奇怪三轮车开了过来。车头有一个比人还大的炉子，正顶着一根小烟囱冒着黑烟。车中央高高地站着的那个人，应该在驾驶这辆马车，只不过“马”是前方的大炉子。

接着，一个穿着法式服装的男子跟在车后走了过来，用他的手杖敲了敲人炉子，然后向周围人介绍：“蒸汽汽车，机械动力，连大炮都能拉动，只要加一个刹车就能上路了！”

这辆蒸汽汽车刚刚驶过，鼻子一向灵敏的珞珞突然在混合异味的气体中闻到了一丝诱人的香气，便顺着香气走了过去。瑶瑶也闻到了，紧跟其后。

香味是从一台蒸煮机散发出来的。此时这台蒸煮机正被打开着，里面是炖着的牛肉，机器里散发出了浓郁的香味。

“新式蒸煮机，煮肉又快又好，现在提供免费炖牛肉试吃！”一个穿着围裙的厨师在机器旁大声吆喝着，吸引了不少人来品尝。

珞珞和瑶瑶也忍不住，向已被人群包围的厨师挤去，顺利地尝到了一口炖牛肉，发现味道果然很好，于是又一人捧了一份出来。

二人一边美滋滋地品尝着牛肉，一边感叹着这种蒸煮机不仅节省时间，还能做出美味的食物，真是一项了不起的发明。

三人游览了一圈后，他们走到了集市旁的小坡上坐下休息。瑶瑶和珞珞讨论着刚才看见的那些器械，他们感到非常满足，蒸汽时代的展览销售会真是让他们大开眼界。

这时，一阵“呜呜呜”的声响从远方传来。大家都朝声音发出的方向看，只见一列火车正在铁轨上由远及近地驶来，威风的车头顶部也竖着一根烟囱，滚滚黑烟喷涌而出，在车顶上拖成了一条长长的黑尾巴。车头的后部，几节车厢都堆满了煤炭，几乎要滑落下来。

“哇，这火车看起来好酷啊！”瑶瑶惊叹道。

看到这吓人的黑烟，珞珞有些不屑地说：“这有什么了不起的，高铁可比它们快多了，也环保多了！”

话音刚落，正路过他们面前的煤炭车厢发出了簌簌的声音。原来是在火车的震颤下，煤堆顶部的煤块滑落了下来。一些煤块掉落到轨道旁边，其中一块正好滚到了他们的脚边。

珞珞和瑶瑶愣了一下，瑶瑶说："我们可跑不过火车，没办法提醒司机了。"珞珞说："这么慢的火车，我有辆自行车就能追上！"瑶瑶问："现在哪来的自行车？"

"那边有一匹马！"智小博指着不远处说道。

"那我们试试？"瑶瑶一边准备往马的方向跑去，一边喊道。珞珞也抢着说："我去，我去。"

智小博拦下了瑶瑶和珞珞，说道："还是我来驾马吧。"他们迅速跑到了马旁，麻利地爬上马背，开始追赶火车。

然而，尽管智小博努力赶马，火车的速度还是比马快得多。最终，他们只能停下累得气喘吁吁的马。

从马背上下来时，瑶瑶感叹道："看来蒸汽火车虽然比高铁慢，但在这个时代，它已经比其他交通工具快太多了。"

珞珞也应声说："我明白了，虽然有些发明在我们看起来已经显得笨重落后了，但它们对当时的人来说，却是重要的进步。"

智小博点了点头，指着瑶瑶紧握在手里的那块煤炭说道："是的，所有这些发明，都是从用这样的一块煤炭烧开水开始的。"

这时，煤炭发出了一种仿佛是燃烧颜色的光芒。同一时刻，时空门在小坡的上部悄然打开了。

"第三个五面体完成了。"说着智小博又指了指门的方向。三人朝着时空门走去，将蒸汽时代的喧嚣留在了身后。

第十三章
电能生磁

任何通有电流的导线，都可以在其周围产生磁场的现象，叫作电流的磁效应。

19 世纪，是电磁学的大发展时期。1800 年，伏打电堆的制成解决了莱顿瓶等静电装置无法产生稳定电流的局限，推动电学从“静电时代”迈入“动电时代”。稳定的电流源进而为电磁学的研究提供了必要的技术支持。

丹麦物理学家、化学家奥斯特（Hans Christian Oersted，1777—1851）的发现颠覆了当时人们对力的认知，挑战了“电与磁无关”的主流观点。

早在 1812 年，奥斯特就坚信电磁之间一定有某种关系，电可以转化为磁。奥斯特推测，既然电流通过较细的导线会产生热，那么通过更细的导线就可能发光。导线直径再小下去，还可能产生磁效应。

1820年4月，奥斯特观察到通电导线扰动磁针的现象，由此发现了电流的磁效应，揭示了磁场对放入其中的磁体产生力的作用。

1820年7月21日，奥斯特发表了题为《关于磁针上电流碰撞的实验》的论文。奥斯特当时把电流对磁体的作用称为“电流碰撞”，他在论文中指出，“电流碰撞”存在于载流导线的周围；电流所产生的磁力既不与电流方向相同也不与之相反，而是与电流方向相垂直。他还指出，电流对周围磁针的影响可以透过各种非磁性物质。这篇论文仅用四页纸，十分简洁地报告了他的实验，也向科学界宣布了电流的磁效应。

终于，奥斯特靠实验证实了自己在20年前建立的信念。

在19世纪，实验已经成为科学研究的主要方法。科学家们通过实验发现不同的科学现象，并进行探索。除了电磁学所在的物理学，化学、生物学等自然科学的各个门类均相继成熟起来，形成了人类历史上空前严密和可靠的自然知识体系，科研机构开始普及，科学教育也逐渐大众化，因而19世纪被誉为科学的世纪。

那间教室一定很暖和，我们进去看看。

三人刚从时空门里走出来，就感到了温度的变化，这里正飘着大雪。

珞珞和瑶瑶冻得瑟瑟发抖。

智小博快速地向四周看了一圈，搜索到他们来到了1820年初的哥本哈根，他们正身在一所大学里。

前方走廊上，有一间教室的门正敞开着，一些学生走进去时取下了帽子和围巾，看起来里面很暖和的样子。三人快速地跟了过去。

走近一看，他们发现这是一间很大的阶梯教室。一只小猫也寻到了这个温暖的地方，跟在他们身后一起进入了教室。

三人一进门，就被讲台上的一根拱形彩色管道吸引了。

这根管道足足有3米高、6米宽。彩色的线圈在管道的外部间隔分布着。

“哇，这是做什么的？”已走到管道跟前的珞珞仰着脖子去看那些线圈，发现这些线圈都并联在一根电线上，似乎是可以挨个独立通电的。

“看来只有坐下听课才能知道了。”瑶瑶说着，径直走向了第一排中间的座位，珞珞和智小博也跟着坐在了一起。

没过多久，教室里的人就多了起来，大家都在讨论着奥斯特教授今天要演示的实验。

“今天来听课的你们非常幸运！”奥斯特教授的声音比人先进了教室。

这位丹麦科学家，走到了管道的一侧，拿出了一个拖着电线的控制器，上面有一排七个按钮。他举起控制器说：“我们将要一起捕捉磁力的精灵。”

瑶瑶马上发现，按钮的颜色与线圈的颜色是对应的。

智小博听到这里，已经有点坐不住了，它好像预测到了接下来要发生的事情。

只见奥斯特掏出一个菱形小铁片，拿到其中一个绿色线圈的侧面晃了晃，没有发生任何事情。然后他又拿起控制器，按下其中绿色的按钮，为绿色线圈通电，铁片马上就被吸附到了绿色线圈的侧面。

学生们都惊奇地看着眼前发生的事情，只有智小博跳了起来，躲到教室的最后一排去了。它罕见地紧张起来，小声背诵起《机器人安全手册》的其中一个小节：强磁可能会对机器人的身体造成伤害，一定要远离强磁……

“咔嗒！”奥斯特松开绿色的按钮，又按下黄色的按钮，铁片马上离开了绿色线圈的附近，被吸到了黄色的线圈侧面。

奥斯特说：“现在你们看到的现象，就是‘电能生磁’。铁片能在不同的线圈之间移动，并且不会掉到地上，是因为线圈在通电时产生了磁力。我为哪一个线圈通电，磁力就在哪里产生。”他说完，停掉了黄色线圈的电，铁片失去磁力的吸引，马上就掉到了地上。

“现在让我们测试更重的物体。”奥斯特搬来一个沉重的铸铁球，放在管道一侧的入口。他继续说，“只要挨个按下开关给线圈通电，就算是这个大铁球也能通过管道了。”

就在这时，教室里突然出现了猫的叫声。学生们停止了讨论，大家都安静下来寻找声音的源头。

瑶瑶看着管道的一侧说："小猫在管道里！"所有人才又齐刷刷地看向讲台。

大概是外面太冷，小猫跑进了管道避寒，但这个拱形管道的内部非常光滑，小猫已跃过最高点，掉落到另一头出不来了。因为那里有线圈遮挡，之前才没有被人发现。

奥斯特的实验做不成了，他担心铁球滑落下去，会伤害到小猫。

这下可难办了。管道有猫的那一头没有开口，而且这么滑的管道，就算人能勉强爬进去，也可能和小猫一样滑下去。奥斯特正在为难，他环视教室一圈，指着智小博说："你！穿了铁盔甲的那个学生，你进去，我用磁场控制你的位置。"

珞珞和瑶瑶大吃一惊，奥斯特将机器人智小博错认成了穿盔甲的人！但他提出的方法确实值得一试。

而智小博呢，它僵在原地，已经陷入了高速的逻辑运算中。管道中的环境有很强的磁力，强磁对精密的机器人来说太危险了，就像岩浆对人类一样，靠近强磁是《机器人安全手册》严格禁止的行为。智小博非常担心强磁场会伤害自己，但是它也明白，如果奥斯特不继续实验，他们在这个时空就没有进展，也拿不到回家的历史碎块了，而且更急迫的是，小猫没办法自己出来。

一直以来，智小博都遵守着程序里写好的规则，但它想起了那些打破既有规则的科学家：哥白尼、维萨里……如果他们都一味遵守旧秩序，就永远不会进步了。

智小博自我纠结了好一阵子，最后它心一横，做出了一个违背《机器人安全手册》的决定：它要钻进磁力管道，救下小猫！

奥斯特完全不知道智小博经历了什么样的内心挣扎，他只看见智小博愣了愣，就走到了教室的前排。于是他让智小博钻进管道，然后按顺序挨个按下按钮。

线圈一通电，智小博就感觉有些不舒服了，它身体里的电子组件像喝醉了酒的人一样开始胡乱运行。但现在的磁力还没有强烈到伤害智小博的程度。

“好像有点不对劲。”瑶瑶注意到了智小博的变化，“智小博看上去很难受。”

“这样不行，你的重量比铁球大很多，目前的磁力不足以将你送进管道深处。我们需要更大的磁力。”奥斯特一边说着，一边调整了部分零件的连接方式，“现在应该可以了。”

奥斯特再一次打开了开关，就连刚才掉到地上的铁片也被强大的磁力吸引，再次贴在了线圈的外侧。

智小博感觉比刚才更晕了，但还是努力地保持着清醒。

瑶瑶和珞珞都为它捏了一把冷汗，其他的学生虽然不知道发生了什么，但也为小猫和升至管道中部的智小博而担心。

随着线圈磁场位置的变化，智小博在管道中越来越深入，也越来越头晕，但它终于还是保持着最后的清醒，到达了管道的末端，抓住了小猫，接着又用同样的方法倒退着从管道里出来了。

“成功了！”奥斯特激动地放下控制器，教室里的学生们也鼓起掌来。

只有路路发现，即使现在线圈没有通电了，那片最开始吸在线圈外侧的菱形铁片也没有掉下来。

原来这块铁片被磁力给磁化了，已经变成了一块磁铁。

“看来不光是你们抓住了磁力的精灵，磁力也抓住了你！”奥斯特拍着智小博说道，学生们都笑了起来。

这时磁铁已发出微弱的光芒，路路跑去将这块磁铁取了下来。

智小博一边晕乎乎地运行着自我检查程序，一边将小猫轻轻地放在了地上。

小猫落地后左右看了看，发现自己已经安全了，便主动蹭向智小博的脚边，发出感激的叫声。

在它喵喵的声音中，一条熟悉的透明通道在阶梯教室的楼梯上出现了。

瑶瑶搀扶着智小博，告别了脚边蹲着猫的奥斯特，和路路一起离开了。

第十四章
疯狂特斯拉

尼古拉·特斯拉（Nikola Tesla，1856—1943），电工发明家，创造了许多我们至今仍然在使用的技术和发明，其中最著名的发明是特斯拉电动机和特斯拉线圈。

19世纪前半叶，电磁学理论已得到巨大的发展。工程技术专家纷纷投身于电力开发、传输和利用方面的研究，推出了一个前人从未想过的电气时代。

电是人类面临的一种前所未有的新型能量，主要体现在动力传输与信息传输两方面，出现了大型发电机、高压输电网、照明电灯以及电报、电话、无线电通信等，使人类生活进入了一个更光明、更美好的新时期。

当时的企业家们建立起的是以蒸汽机为主要原动力的直流电发电站，但所需发电机的功率越来越高，供电范围越来越大。

到了19世纪80年代末，直流电机已经不能满足社会用电的需要了，交流电开始登上舞台。

交流电动机起源于旋转磁场的发现。

1885年，意大利物理学家费拉里斯（Galileo Ferraris，1847—1897）和美国物理学家特斯拉各自独立地根据旋转磁场原理，发明了交流感应电动机。交流电能有效解决远距离输电的问题，这样一来电力就可以大规模集中生产，然后通过高压电线运到任何地方。

19世纪末至20世纪初电气技术领域的两大巨头是爱迪生（Thomas Alva Edison，1847—1931）与特斯拉，两人因技术理念、经济利益和性格差异产生了激烈争执。两人最著名的冲突，被称为“电流战争”（War of the Currents）。

爱迪生是直流电系统的坚定支持者。他发明的电灯、发电机和配电系统均基于直流电（DC），这种电流稳定但传输距离短，需每隔1000米建1个发电站，成本高昂。爱迪生已投入巨资建设直流电网，因此极力维护其商业利益。

特斯拉曾在爱迪生的公司工作，但因理念不合离开。他后来与乔治·威斯汀豪斯（George Westinghouse，1846—1914）合作，推广交流电（AC）系统。交流电可通过变压器升压，实现远距离高效传输，成本远低于直流电。特斯拉的交流电机和变压器专利成为技术核心。

为打压交流电，爱迪生发起公关战，宣称交流电“极度危险”。他甚至公开用交流电电死流浪动物（如大象“Topsy”），并资助开发电椅（一种用交流电执行死刑的器具），试图将交流电与死亡挂钩。

然而，在1893年的芝加哥世博会上，特斯拉的交流电系统成功供电，证明其可靠性和高效性，最终交流电成为主流。

1893年，特斯拉还展示了无线电通信技术，并注册相关专利。爱迪生也曾参与无线电研究，但未取得突破。后来意大利工程师马可尼（Guglielmo Marconi，1874—1937）凭借改进技术获得诺贝尔奖，但1943年美国最高法院承认特斯拉的专利优先权，这场争议在两人去世后仍在持续。

尽管争执激烈，但特斯拉与爱迪生的竞争推动了电气革命的进程。爱迪生奠定了电力商业化基础，而特斯拉的交流电系统成为现代电网的支柱。他们的故事不仅是科学与商业的对撞，也揭示了创新背后的复杂人性。特斯拉晚年贫困潦倒，而爱迪生成为商业大亨，但历史最终赋予两人同等的尊重——爱迪生被称为“光明之父”，特斯拉则被誉为“交流电之父”。

那是发明大王爱迪生吗？
还有特斯拉。

三人离开了寒冷的哥本哈根，穿过时空门，没想到直接反转，来到了夏季的芝加哥。

智小博感觉自己从强磁的影响中恢复过来了，但好像又有哪里不太一样了。他再次启动时空测距仪，确定了当下的时间是1893年，他们身处于芝加哥世博会。

全世界的发明家都赶到了这里，来展示他们的神奇产品。

珞珞最喜欢热闹了，正想四处看看，展厅中间有两个人吵了起来。

不用智小博介绍，瑶瑶和珞珞就认出来了，那是著名的发明大王爱迪生和他的宿敌特斯拉。

爱迪生得意洋洋地抱着好几项发明：电话、留声机、摄影机，脖子上还挂着一串电灯泡。他对特斯拉说："看见了吧！这次博览会的10座大厅里90000只白炽灯全是我的专利，所有人都会知道，我才是电流之王！"

特斯拉气鼓鼓地摸着他精心打理的胡子，也不甘示弱："你的直流电局限太多了，我的交流电才是未来！"

但爱迪生还是占了上风。他开始向围观的人们介绍自己的发明，而特斯拉只带来一个小号的特斯拉线圈。

爱迪生成功激怒了特斯拉。特斯拉想，本来只想简单演示一下特斯拉线圈的原理，现在看来，必须搞出点大动静了。他发现在围观爱迪生的人群之外，有三个人并没有被那些新鲜发明吸引过去。

"先生，也许你愿意帮助我，打败那个自以为是的人。"特斯拉看着智小博说，他似乎把智小博视为了珞珞和瑶瑶的老板，"实不相瞒，爱迪生以前也是我的老板，但他有眼无珠，根本看不出交流电的未来。"

“打败爱迪生？那可太厉害了。”瑶瑶对智小博说，“要不先听听他要我们做什么吧。”

珞珞本想反对，但他看见特斯拉已经拿出了博览会的自助餐券。此时的他们就在自助餐厅的隔壁，瑶瑶爱吃的烤肉饼、珞珞爱吃的爆米花、智小博喜欢的能提供电力的设备都在餐厅无限供应，于是珞珞二话没说就安分下来。三人马上就答应听一听特斯拉的请求。

特斯拉放下一大捆铜线，说：“你们要做的事情很简单，就是缠线圈。将这些铜丝一圈一圈缠成一根线圈柱子，全部缠完时，你们就可以去吃饭了。”

特斯拉一声令下，三人就工作起来。

虽然自助餐厅里美食的诱惑很强烈，但珞珞还是很快就开始心不在焉，也不明白缠线圈是干什么用的。智小博向他们解释了特斯拉线圈的原理，原来他们正在缠的是“次级线圈”。

智小博指着一盘像蚊香一样的粗线圈，说：“这部分是主线圈。当主线圈通电时，会产生高频电磁场。”

珞珞举起奥斯特的磁化铁片说：“电能生磁！我们在奥斯特那里学过！”

智小博继续说：“对，虽然进入主线圈的电压不是固定的，而是以谐振频率振荡的，但本质上就是电能生磁。电会在主线圈之外产生电磁场，进而影响次级线圈，然后在次级线圈中产生感应电流。”

特斯拉接着说：“没错，你们正在做的是一个超级变压器，它能将电压放大很多倍！次级线圈的匝数越多，电压就越大！次级线圈的顶端还有一个光滑金属圆环，能累积从次级线圈中接收的电荷，直到产生人工闪电。

我要让爱迪生看看，我的线圈能产生多么强大的闪电！”

很快三人就完成了此次的工作，用次级线圈缠绕出了一根大柱子，大柱子立在主线圈的中间。

特斯拉看到已经完成的线圈，很满意，将餐券交给了三人。

珞珞和瑶瑶马上冲向自助餐长桌，智小博嘱咐他们记得搭配吃一些蔬菜水果，然后也从某处的电线上取下一只白炽灯泡，接上了自己的万能插头。

没过多久，特斯拉线圈表演的时间到了，人们都围着特斯拉和他的装置，瑶瑶和珞珞也双手捧满食物站在人群中。爱迪生挤在其中，一手紧握白炽灯，一手提着留声机，身上贴满了专利勋章，有点焦灼地等待着。

“女士们，先生们！接下来你们将看到神奇的一幕！”特斯拉自信满满地打开电闸，为装置接上电，结果大家安静等待了几秒，什么也没发生。人群发出嘘声和嘲笑声，爱迪生马上挂上笑脸，笑呵呵地嘲讽起特斯拉来。

“这是怎么回事？！”特斯拉转头问瑶瑶和珞珞，“你们除了缠线圈，还对我的装置做了什么？”智小博当即偷偷扫描线圈，很快就找到了问题：“我知道了！原来主线圈和次级线圈直接接触了！”

瑶瑶马上承认：“我刚才发现这两个线圈中间有缝。它们没挨上，怎么能通电呢？所以我擅自决定，把它们接到一起了。”

特斯拉说：“那是故意留出的一圈缝，叫耦合线圈！主线圈和次级线圈是不能直接接触的。”

瑶瑶挨了训，低下头对特斯拉说：“对不起，我不该自作主张，去乱改你的装置。”

特斯拉也不再计较，而是不知从哪掏出一把大剪刀，快速剪短了一截主线圈，修好了整个设备。

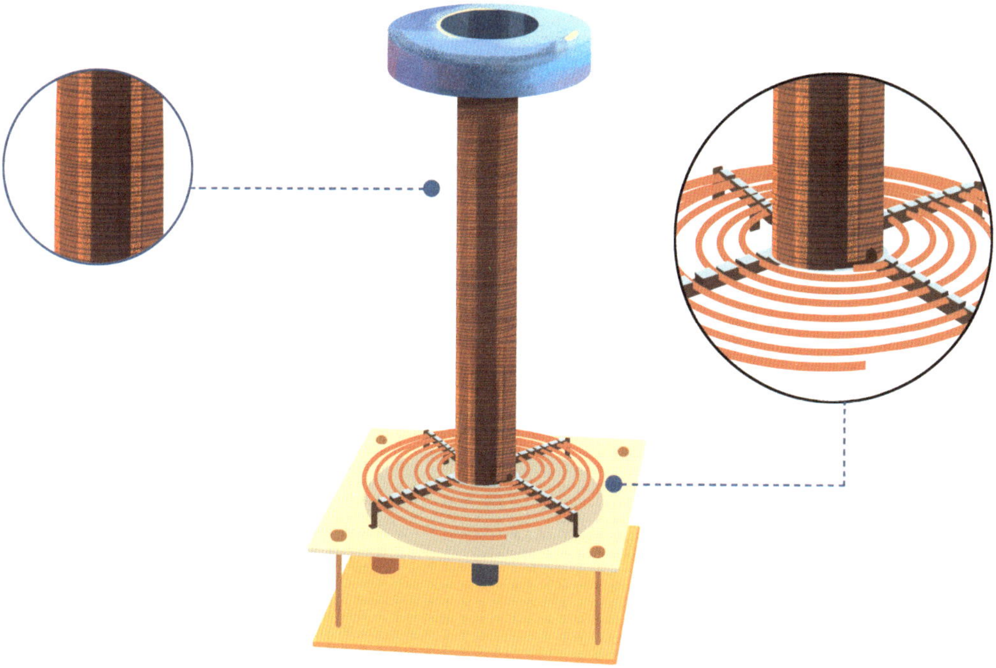

特斯拉没有通知就再一次打开电闸，这次顶部的圆圈放出了大量的闪电！源源不断的电弧接连放出，所有人都被闪电惊人的效果吓了一跳。

就在大家聚精会神地看人工闪电时，特斯拉再次扳动电闸，让电力流向其他展厅，突然之间，所有 10 座大厅都变得灯火通明了。还插着插头的智小博也一下子充满了电。所有人都惊叹不已，只有爱迪生气得捏爆了手里的灯泡。

瑶瑶松了一口气，捡起了特斯拉剪断后丢在地上的那一小节线圈，线圈发出闪电般的一根根细小光芒。时空门这时也开在了世博会展馆外的密歇根湖畔边，它在映照着灯光的水面附近显得不太起眼。吃得饱饱的瑶瑶、珞珞和满电的智小博在白炽灯的光芒中走进了时空门，离开了这里。

第十五章
物竞天择，适者生存
——达尔文雀的嘴巴

18世纪后期，生物物种进化的思想已经出现，但未得到广泛的接受。达尔文1859年出版的《物种起源》以自然选择理论奠定科学进化论基础，但直到19世纪70年代才成为科学界共识。

达尔文（Charles Robert Darwin，1809—1882），英国博物学家。在爱丁堡大学学医期间，掌握了不少生物学知识，对法国博物学家拉马克（Jean Baptiste Pierre Antoine de Monet Lamarck，1744—1829）的进化论亦有所接触。1828年进入剑桥大学神学院，结识了植物学教授亨斯洛（John Stevens Henslow，1796—1861）和地质学家塞奇威克（Adam Sedgwick，1785—1873）。后在亨斯洛的推荐下，获得了跟随英国海军勘探船"贝格尔"号外出考察的机会。

1831年12月，达尔文乘坐"贝格尔"号开始了为期5年的环球考察。1835年，达尔文来到了加拉帕戈斯群岛。

加拉帕戈斯群岛是太平洋赤道附近的一个群岛，在厄瓜多尔以西大约1000千米，有着鬼斧神工的自然奇观和生物奇迹。在这里，达尔文注意到大部分生物都与大陆上的类似，但各岛又有各自特有的物种。在5周的停留时间里，达尔文和同伴游历了伊莎贝拉岛、圣萨尔瓦多岛、圣克里斯托巴尔岛和圣玛丽亚岛，采集了近70只鸟类的标本。但达尔文最初并未意识到这些鸟的独特性，因此也没有记录具体是在哪个岛采集到的哪些标本。

直到1836年10月“贝格尔”号结束了环球之旅返回英国后，达尔文所采集的鸟类标本被送到了伦敦动物学会，由著名鸟类学家、杰出的鸟类画师约翰·古尔德（John Gould，1804—1881）进行研究。古尔德很快便得出结论，加拉帕戈斯群岛上采集到的鸟类标本实际上分属13个种，尽管喙的形状差别很大，但这些鸟彼此之间具有很近的亲缘关系。在得知古尔德的分类建议后，达尔文开始重新审视自己采集标本的意义，并尝试核实自己标本的具体采集地。但最终他只在《“贝格尔”号环球旅行记》中描述了这些鸟及它们大小差异悬殊的喙。

达尔文雀的确启发了达尔文关于物种可变的思考，但也就仅此而已。达尔文雀的价值最终是在百年后才被完全揭示。从古尔德的分类学突破，到拉克（David Lack，1910—1973）的生态学论证，再到格兰特夫妇（彼得·格兰特、罗斯玛丽·格兰特）的实证观测，这一历程表明了科学发现也常源于后续的研究接力。

我们到了 1835 年的加拉帕戈斯群岛。

推开“贝格尔”号的甲板盖，湿湿的海风扑面而来。

三人走到船头，好奇地观察这个新的时空。

珞珞眺望着远方，发现海岛上有一个男人正站在树下，一动不动地，不知道在做什么。

瑶瑶可能有点晕船，依然在困惑自己身处何地时，珞珞已率先跑上了登陆岛屿的小船。

不远的岸上，那个正举着放大镜，站在树下看鸟的男人，正是达尔文。他仰着脖子，专注地观察着树上的鸟。

跟在后面也上了岛的瑶瑶和智小博，顺着达尔文的视线看过去，马上就发现，这次的历史碎块是一颗鸟蛋，就在那个鸟巢里。

鸟巢不算太高，大概在一个大人抬抬手刚好可以拿到的程度。除了正在发光的那颗蛋，巢里的另一颗鸟蛋已经孵出了小鸟。

三人轻手轻脚地靠近达尔文，怕动作太大了会打扰他。可走到达尔文附近时，几只站在达尔文鞋边的地雀突然扑腾起来，叽叽喳喳地叫着。达尔文这才发现了鬼鬼祟祟试图靠近的几个人。

“后退！”达尔文用放大镜指着智小博，“你们是谁？该不会又是我爸爸派来劝我回去当牧师的吧？”

三人连忙否认，做了简单的自我介绍。

瑶瑶接着说：“很抱歉打扰你了，我们是想拿一颗那个鸟巢里的蛋。”她指着树上的窝，一只刚刚长毛的雏鸟旁，那枚蛋的壳上流动着蠕虫般短而扭动的光。

达尔文听到他们是来找鸟蛋的，可太高兴了！他跟船几年了，根本没有人乐意跟自己聊生物。

“你们去过附近别的群岛了吗？这已经是我到的第 13 个岛了。这附近的雀太神奇了，不同岛上的雀有着大小差异悬殊的喙。有的雀，喙部又厚又硬，因为它要碾碎地上的硬种子；有的雀，喙部又尖又细，因为它要啄食树木里的虫子；还有的雀，喙部不仅紧密贴合，还微微向内弯，因为这更方便它吃花蜜。我怀疑……”

达尔文一说起生物的事情来就滔滔不绝，但讲到这里却突然犹豫了。珞珞和瑶瑶都奇怪地等待着达尔文的下文。

“我怀疑它们有共同的祖先，只是在生存过程中逐渐发生了变化。但我不敢确定，而且我一直学习的神学书本知识告诉我，物种是上帝创造的，我想上帝应该没有那么多时间去创造这些喙的细微变化。所以我很矛盾。”

瑶瑶想起了在欧多克斯、哥白尼、维萨里那里的经历。她对达尔文说：“我最近学到了一个道理：科学不是一成不变的，也不是一下子完成的，如果书本与眼睛看到的事情有区别，我们不妨先保持怀疑，待收集到更多的材料能论证后再进行判断，或许书本上的知识也是有错误的。”

达尔文听到瑶瑶说出这样的话，有些意外，愣住了。但思考片刻后，他说：“你说得很有道理！我想感谢你，却不知道能为你做些什么。”

“帮我们拿那颗蛋就行啦。”珞珞抢着说。

四人再次抬头去看那鸟巢，却发现除了原本那只已孵化而出的小鸟正张大嘴等待喂食以外，还多了一只大鸟，正凶巴巴地守卫着鸟巢，禁止任何人靠近。达尔文试探着伸了伸手，大鸟立刻就摆出防卫架势，准备用它那又尖又长的喙，和达尔文的手决一死战。

达尔文缩回手说：“看来只能调虎离山了。这种喙部尖又细的鸟，是啄食树木里的虫子的，如果我们能找来树里的虫子，喂饱小鸟，鸟妈妈可能就会暂时离开，去给自己觅食。”

智小博自信满满，说：“这就交给我吧！我可是全能小管家，区区抓虫子不在话下，马上就给小鸟上菜！”说着它就锁定附近树干上的一只小虫，这只虫正在钻进一个很小的树洞里。扫描结果告诉智小博，树里还有很多虫子。

但是智小博的手指头又大又圆，根本伸不进小小的树洞里，在专注抓虫的时候，它的脚还被一些厚嘴的地雀当成了坚果，啄得“哐哐”响。智小博一边变换着姿势想把手伸进洞里，一边跳脚来躲避啄食，手舞足蹈的样子引得其他人都笑了起来。

珞珞靠近去观察那个小小的虫子洞，认为必须借助工具了。他找来一根小树枝，沾上黏糊糊的蜂蜜，想伸进树洞里把虫子粘出来。结果他没想到，虫子在树里已经钻出很大的空间了，它们都绕着这根树枝走，珞珞很久才能粘出来一只。

瑶瑶站在一边观察着智小博和珞珞的行动。她想，如果树里的虫子这么难捉到，为什么这种鸟还要去吃呢？它是不是有什么特别的方法？

她又转头观察着巢里凶巴巴的大鸟，发现它又细又尖的鸟喙有些眼熟。

圆规！它的鸟喙像圆规一样！

瑶瑶向达尔文分享了自己的发现，并向他借来一把坚硬的圆规，用尖头“啄”大了树洞，这些虫子就无处遁形了。然后她像用筷子一样，用圆规把大洞里的虫子都抓出来了！

达尔文说：“真聪明，你用鸟的方法抓到了虫子。”

瑶瑶虽然夹出了虫子，但她太矮了，不能把虫子放进鸟窝。智小博伸长了手臂，帮忙把虫子送到巢边。大鸟看见虫子出现在眼前，也顾不上奇怪，叼起虫一只只喂给嗷嗷待哺的小鸟。

很快，吃饱了虫子的小鸟睡着了。珞珞则用带蜂蜜的木棍粘住一条最肥厚的虫子，举到大鸟跟前挥舞两下，然后踩着轮滑鞋引走了大鸟。

达尔文立马用灵巧的人类手指，轻而易举地避开幼鸟，捏出了鸟蛋。

达尔文举着鸟蛋说：“每种生物都有自己擅长的事情！这就是自然选择的结果！”他小心翼翼地将鸟蛋递给智小博。

智小博接过这颗发着微光的鸟蛋时，一扇门在附近的树梢上静静地打开了，一截楼梯从门里延伸出来，与此同时，船上也传来船员的吆喝声。

瑶瑶、珞珞、智小博和达尔文都要启程了，他们挥手告别，踏上了自己的路。

第十六章
生命的统一
——细胞学说

细胞学说，由德国植物学家施莱登（Matthias Jakob Schleiden，1804—1881）和动物学家施旺（Theodor Schwann，1810—1882）于1839年创立，认为一切生物都是由细胞构成的，所有动植物均由细胞发育形成。二人共同奠定了细胞学说的基础。

1858年，德国病理学家微耳和（Rudolf Virchow，1821—1902）提出一切细胞都从细胞分裂而来，机体的生理活动和病理变化取决于细胞的观点，进一步完善了细胞学说。

细胞学说的建立是生物学史上里程碑式的事件，其科学意义深远而广泛，主要体现在以下几个方面：

（1）揭示了动物和植物的统一性，从而阐明了生物界的统一性。

（2）揭示了生物间存在着一定的亲缘关系，阐明了现代生物的细胞都是远古生物细胞的后代，小小的细胞内部，凝聚着数十亿年基因的继承和改变。

（3）使人们意识到植物界和动物界有着共同的结构基础，从而在思想观念上打破了在植物学和动物学之间横亘已久的壁垒，也促使积累已久的解剖学、生理学、胚胎学等学科获得了共同的基础，这些学科的融通和统一催生了生物学的问世。

（4）标志着生物学研究进入细胞水平——细胞是生命活动的基本单位，极大地促进了生物学的研究过程。细胞分裂产生新细胞的结论不仅解释了个体发育，也为后来达尔文生物进化论、自然选择学说的确立奠定了基础。

细胞学说的建立不仅推动了生物学的发展，也因其揭示了生命体从简单单元到复杂整体的辩证关系，为辩证唯物论提供了重要的自然科学依据。

恩格斯（Friedrich Engels，1820—1895）将细胞学说与能量守恒和转换定律、达尔文的生物进化论并誉为19世纪自然科学三大发现。

要是每到一个新地方，都像上次找到鸟蛋那样马上锁定目标，那可就太方便了。
这次的路线好像不太明显。也许我们应该往左走，那边的路看起来更宽，也许有大学或者讲堂什么的。
我看应该往右边，我都闻到土豆和香肠的香味了，肯定是有科学家在实验室煮早饭。

科学家怎么会在实验室里做饭呢？我看你就是想吃东西罢了。

我不管，反正我要往右边走。

三人离开了热风吹拂的岛屿，又到了阴冷的德国街头。现在是清晨，街上几乎没有人。

智小博担心鸟蛋放在包里会有磕碰，于是小心地捧着达尔文的鸟蛋——这可是目前为止收集的物品中最易碎的，所以必须小心保护，慢慢行走。

只是还没等智小博跟上，路路已经生气地往右边走了，瑶瑶也懒得搭理路路，干脆往左去了。

智小博正专注地捧着鸟蛋，思考它何时可以转化为碎块，没有分出更多的算力在瑶瑶和路路的对话上，没回过神来时，二人早已走得远远的了。智小博虽然知道很多科学知识和生活常识，但还不知道怎么劝架。它左右为难，又不敢快速行走，结果一个也没跟上。

三人就这样在德国街头走散了。

没过多久，瑶瑶沿着鹅卵石路找到了施莱登的植物研究室，路路也以包吃饭为报酬成了施旺动物研究室的助手。智小博则捧着达尔文的鸟蛋，独自在街上徘徊。

在植物研究室里，施莱登向瑶瑶演示显微镜的用法，并给瑶瑶看各种植物细胞。“不论怎样复杂的植物都是由细胞组成的。”他由衷地赞美植物细胞的美丽，“现在我需要更多的证据来向世人证明这个观点，你的工作就是协助我，切割制作用于观察的植物薄片。这些薄片将被制作成能放在显微镜下观察的玻片。”

施莱登边说边做。他用一把刀在一根花茎上切了两刀，两次下刀的地方非常接近。他横着切出很薄的植物切片，然后将这层切片放在一块比手指大不了多少的长条小玻璃片上，又用另一个同样的玻璃片盖上去。两层玻璃贴到一起，就轻轻地吸住了彼此。

"这就是一个做好的玻片了。"施莱登说着，把刚做好的玻片放在显微镜的镜头下面。瑶瑶凑上去，从目镜里看到了放大的植物细胞：整齐排列的细胞密密麻麻挤在一起，就像砖房的外墙一样。

施莱登演示完后，就丢下瑶瑶去忙别的了。瑶瑶学着施莱登的样子，用小刀去切植物的叶子，但施莱登研究室里的刀片很钝、很难用，瑶瑶既没有施莱登的技术，也没有更好的工具，很难切出足够薄的植物切片。

"如果珞珞在这里就好了，也许他能帮上我的忙。"瑶瑶想起他们吵架时的样子，轻轻地叹了一口气，继续练习切植物薄片。

与此同时，施旺正在向珞珞展示动物细胞。"不论什么动物都是由细胞组成的，动物细胞的基本构成大体相同。"他也向珞珞演示了动物细胞玻片的制作方法，并且让珞珞做完玻片以后，把看到的动物细胞画下来，供他研究。珞珞虽然不喜欢画画，但为了好吃的，还是决定认真工作。

然而珞珞很快就碰上了难题：他虽然可以做出很漂亮的动物细胞玻片，却发现显微镜下的动物细胞又小又透明，很难看清楚。刚遇到这个困难时，珞珞想随便画一些星星形状或者三角形状的细胞了事，但又想起自己在维萨里那的经历，很快就打消了这个不诚实的念头。

"或许瑶瑶也能帮上忙，她比我更擅长画画。"珞珞想到这里，又用力摇了摇头。他才不愿意先服输呢！

瑶瑶和珞珞都很想让彼此来帮忙，但都不好意思先低头。而智小博这时候还不知道在哪条路上转悠呢！

几个小时过去，两人的工作都没有进展。于是还在吵架的瑶瑶和珞珞先找到了彼此，然后同意暂时休战了。重新碰面的二人，向对方讲述了自己遇到的困难。

路路跟着瑶瑶来到植物细胞研究室，他听瑶瑶说没有好用的刀，于是把施旺实验室里切动物组织的锋利刀片借给瑶瑶，并且帮她切出了很薄的树叶切片。

瑶瑶说：“原来你有这么好用的工具！”

瑶瑶解决了切片的问题，又跟着路路去了动物细胞研究室。她听说动物细胞又小又透明，就告诉路路，植物细胞可以通过颜色很清楚地看出，建议他试试给动物细胞涂上颜色，并把施莱登的钢笔借给路路。路路往动物细胞玻片上滴出一滴稀释过的墨水，马上就能看清楚动物细胞了。

路路说：“你这个染色的方法太有用了！”

瑶瑶和路路合作完成了施莱登和施旺给的工作！

施莱登和施旺对两个小助手的工作非常满意，他们也各自发表了植物细胞和动物细胞的研究成果。

施莱登和施旺见面了，身后跟着瑶瑶和路路。两位科学家把各自的研究成果放在一起。

“植物细胞和动物细胞有很多相似的特征。”施莱登说，“虽然我们在研究不同的东西，但也许，还能找到更多共同之处。”

“是啊，也许我们能建立一个统一的学说，”施旺说，“就叫细胞学说。”

“原来你们在这儿！”智小博捧着鸟蛋找过来了，“请不要吵架了。一起找到历史碎块，然后安全回家，这是我们共同的目标。”

“我们早就不吵架了。”瑶瑶笑嘻嘻地说着，与路路对视一眼。

两人把各自留作纪念的植物细胞玻片和动物细胞玻片放在一起，它们发出了淡淡的光芒，并变成一小块碎块。

三人又拿出奥斯特的磁化小铁片、特斯拉的线圈、达尔文的鸟蛋，这几样东西一起化成了第四个五面体，和前三个的形状一样。这四个五面体彼此吸引，拼成了一个矮矮的立方体，两个大面正中央有一个圆柱形的空洞，四个细长的小面上则分别有一条拼接的凹陷。

“我认出来了。”智小博端着这个拼成的奇怪多面体说，“这就是湖北省科学技术馆的形状。”

珞珞问：“那我们下一次走进时空门，是不是就可以回到科技馆了？”

一扇圆圆的时空门正在他们身边缓缓展开。瑶瑶把多面体竖起来，透过中间的圆柱形空洞看出去。“这可难说了。”她盯着正在成型的时空门说。

第十七章
如果我能追上光

思想实验到阿尔伯特·爱因斯坦这引发了范式转移。它不仅揭示了经典物理学的局限，更引导阿尔伯特·爱因斯坦提出光速不变原理，最终颠覆了人类对时空本质的理解，成为现代物理学的里程碑。

阿尔伯特·爱因斯坦（Albert Einstein，1879—1955），生于德国，物理学家。

“追光思想实验”是爱因斯坦16岁时提出的一个关键思维实验，深刻影响了他对物理学基本问题的思考，并最终推动了他创立狭义相对论。

爱因斯坦设想：如果一个人能以光速（约30万千米/秒）追赶一束光，会发生什么？

根据牛顿力学的经典时空观，观察者与光速同向同速运动时，光相对于观察者应当是静止的。这意味着：光波应呈现为

“静止的波形”，即电磁场不再振荡，如同“冻结”在原地。但麦克斯韦方程推导出的光速是固定值，与观察者速度无关，这暗示光速在真空中始终为常数。

矛盾由此产生：经典理论与电磁学理论无法调和。

当时物理学假设存在“以太”作为光传播的介质，若人能追上光速，应感受到“以太风”并观测到静止的光波。然而，迈克耳孙-莫雷实验已证明“以太”不存在，光速确实与参考系无关。

爱因斯坦通过这一思想实验意识到：

（1）光速不变性：光速在任何惯性参考系中恒定（狭义相对论的基本假设之一）。

（2）时空相对性：必须放弃绝对时间和空间的概念，转而将时间和空间视为观察者依赖的相对量。

（3）同时性的相对性：两个事件是否“同时发生”取决于观察者的运动状态。

1905年，26岁的爱因斯坦连续发表了4篇引起科学革命的论文，都具有跨时代的成就。这一年，因此被称为“爱因斯坦奇迹年”。其中发表于1905年6月30日的《论动体的电动力学》，是狭义相对论的奠基性论文，从此照亮了20世纪物理学的道路。

因为在此之前，大多数人都认同空间和时间是绝对的观念，但爱因斯坦不这么认为。

举个例子：让我们想象一下，在光速不变的前提下，在直线匀速航行的飞船上，乘客拿起手电筒朝向飞船的天花板，当他打开手电筒时，从他的角度可以看到光是以直线射到天花板的。

但是从地球的角度观察，由于乘客和飞船都在向前移动，光会走一条更长的斜线路径才能到达天花板，这条路径就需要更多的时间。因此对于地球上的观察者来说，飞船上的时间变慢了。从地球观察飞船内的时钟，就会发现它比地球上的时钟走得慢。这种效应就是时间膨胀。当速度越接近光速时，时间膨胀的效果就会越明显。

爱因斯坦通过光速不变原理和相对性原理，推导出时间和空间的洛伦兹变换公式，提出“时间膨胀”“长度收缩”等革命性概念，解决了“追光思想实验”中的矛盾：无论观察者如何运动，光速不变，且电磁振荡始终存在，但时间和空间会调整以维持物理定律的一致性。

“追光思想实验”还启发爱因斯坦思考引力与加速度的等效性，最终发展出广义相对论（1915 年），将时空弯曲与物质能量联系起来。

你要是把它掉到地上摔坏了，我们可就回不去了！
我还以为这扁方块已经拼完了，可以回家了呢。
我们还没完成，现在剩下最后两块历史碎块。我们可能要见到的科学家是……

是爱因斯坦！

三人从时空门跳出来，落在了某个公园。

珞珞左右看看，发现自己没有回到科技馆，大失所望。他有点不高兴地用食指穿过场馆形状扁方块的中央空洞，像转皮筋一样转着玩了起来。

智小博再次联络了科技馆工作人员，搞清楚了目前的状况，原来这个扁方块“钥匙”还没完成，回家的时空门还不能打开。现在还得找到最后两块历史碎块。

不远处，一张长椅上，是身穿毛衣的爱因斯坦。他拿着本子和笔，似乎在思考什么宇宙的奥秘，又好像是在享受周身的自然。

珞珞看到了爱因斯坦，立马来了兴致，他跑到爱因斯坦的面前，礼貌地打招呼：“爱因斯坦先生，你好！请问你在做什么？”

爱因斯坦回过神来，看向面前的小孩，说：“你们好。今天的天气很好，我刚刚散步回来，所以正在休息，顺便思考光速飞行的事情。”

珞珞大吃一惊：“你要光速飞行？”

瑶瑶也很不解：“怎么飞？什么时候？”

爱因斯坦说：“就现在，我的思想已经坐上火箭了。你们想跟我一起吗？”

瑶瑶、珞珞、智小博坐到了爱因斯坦的旁边，听他继续讲下去。空荡荡的长椅被求知的四人坐满了。

“坐好了，现在你们可以想象自己正在一艘火箭上，起飞准备已经就绪了。

“飞船开出仓库，在天空中慢慢爬升，越开越快。

“我们的火箭越来越快，加速到第一宇宙速度，离开地表、城市、大气层，再加速到第二宇宙速度，离开地球引力范围。

“我们路过火星和木星，用木星的引力弹弓继续加速，又飞过太阳系的其他行星，然后我们到达第三宇宙速度，脱离了太阳系。

“我们一直加速，现在速度已经接近了光速，这个时候我们的时间就变慢了。”

“等一下，时间变慢了是什么意思？我们火箭上的钟表坏了吗？”珞珞不解地问。

“钟表没有坏。”爱因斯坦耐心地说，“这就是光速飞行里会出现的事情，运动物体的时间比静止物体的时间要慢。”

瑶瑶问：“那如果我现在跑起来，珞珞坐在原地不动，我的时间会变得比他慢吗？”

爱因斯坦说：“是的，你的速度比他快，时间就比他慢，只是你的速度还很小，所以这个变慢是微乎其微的，很难看出来。而光速是非常大的，因此，我们坐在接近光速的飞船上看，就明显多了，如果你现在真的坐光速飞船去旅行几天再回来，可能这个小男孩已经是个老头了。”

珞珞皱着眉头苦思冥想，试图理解爱因斯坦的话。他问：“那如果瑶瑶再快一点，比光速还快呢？”

爱因斯坦说：“这是不可能的。理论上，她的时间将会倒流。”

“时间倒流！”瑶瑶大惊，想起从湖北省科学技术馆的“速度与时空”展区掉入时空漩涡后，回到了几千年前。她想，他们是不是已经经历了某种时间倒流呢？

瑶瑶将他们三人出发时的事情讲给爱因斯坦听。

爱因斯坦认真地听了她所说的事情，然后说：“有可能，你们确实回到了过去。但是我也只搞清楚了相对论的一部分，可能现在还解释不了你们的经历。”

珞珞说：“你是世界上最聪明的人，连你也有不知道的事情吗？”

爱因斯坦笑了起来：“谢谢你的称赞，可是怎么会有什么都知道的人呢？人类不知道的事情无穷无尽，相对论只是其中的一个小问题而已。不论今天的科学看起来比数个世纪之前领先了多少，永远有尚未探索完的问题等待人去研究。也许你们长大以后，就会去研究那些未知的难题。”

爱因斯坦说完看了看时间，就站起来，要回大学办公室里去了。

爱因斯坦离开后，智小博才发现，一截粉笔落在了他刚才坐的位置上。智小博拿起这截微微发光的粉笔，粉笔变成一截空心的圆柱。

他们拿出之前拼出的扁方块，发现圆柱刚好能从扁方块的中央空洞穿过去，直径尺寸正合适。

这时，一扇与之前略有不同的门在他们面前打开了，与之前不同的是，这扇门黑洞洞的，只是有彩色的光芒在门的边缘时隐时现。

智小博看了看门，说：“这后面好像是科技馆。”

珞珞高兴地说：“太好了！这次应该可以回家了吧！”说着就要往门里跑。

“等等。”智小博伸手拦住他，盯着刚组装的扁方块，又盯回时空门。它疑惑地计算着这种不稳定性。“好像……有什么不对劲。”

第十八章 关于量子力学的解释

经典物理学认为，一切自然现象都可以用数学模型加以描述，而且只有被数学公式描述的解释过程，才是科学研究的最终理论解释。

19 世纪末，经典物理学大厦上空的乌云，带来了狂风暴雨，“测不准原理是否违背了物理确定性这一话题”引发物理世纪论战，量子力学伴随着争论横空出世。

科学家们在量子力学领域进行了激烈的论战。

最早是德国物理学家普朗克（Max Karl Ernst Ludwig Planck，1858—1947）在 1900 年提出了普朗克公式并解决了黑体辐射问题，首次引入了能量量子化的概念。

1905 年，爱因斯坦提出光量子假说，解释了光电效应现象，推动了波粒二象性思想。

然后丹麦物理学家玻尔（Niels Henrik David Bohr，1885—

1962）于 1913 年提出了一种量子化的原子结构理论，通过引入量子化条件调和了原子稳定性与光谱现象，是旧量子论的最高成就。

1925 年，联邦德国物理学家海森伯（Werner Karl Heisenberg，1901—1976）创立了解决量子理论的矩阵方法。紧接着奥地利物理学家薛定谔（Erwin Schrödinger，1887—1961）于 1926 年创立了波动力学，提出描述微观粒子运动的薛定谔方程，对这个方程最著名的比喻就是“薛定谔的猫”。矩阵力学和波动力学的创始者们原本互相敌视对方的理论，而后经证明，矩阵力学和波动力学在数学上是等价的。

1927 年，海森伯发展了矩阵力学，提出不确定性原理，证明了微观粒子的位置和动量无法同时精确测量；随后玻尔等哥本哈根学派提出量子力学标准诠释，奠定了量子力学的哲学与物理框架。

总而言之，量子力学为我们揭示了与经典力学不同的一面。按照经典物理学的决定论，在理论上只要给出初始条件，我们就可以肯定预言所有粒子在未来的所有行为。然而，与此不同的是，量子力学揭示出自然界本身以及我们对自然界的了解，都具有一种不确定性。根据量子力学，偶然性和随机性是自然界的一种本质属性，我们不能非常确定地断言什么，仅能够进行概率预测。

等等!
怎么了?
我们是不是还缺一块碎块没有拿到?
是的，但也不是。
你们仔细看这里的空洞，其实有一块量子态的拼图。

珞珞不解地看着智小博，想知道它为什么拦着自己。而智小博呢，正在全功率计算眼前的状况，顾不上回答珞珞。

瑶瑶拿过智小博手上的扁方块，翻来覆去地观察，确认之前的每一块碎块都在，只剩下最中间还有一个孔。

瑶瑶和珞珞细细查看扁方块中央的空洞，那里好像有一些阴影，又好像没有。

“量子态……是什么意思？”瑶瑶不解地问。

“你可以理解为，它有可能存在，也可能不存在。”智小博接着说，“不光是这块拼图奇怪。我刚才测量过了，面前这扇门后面是一条回到科技馆的量子通道。这是最后一段路了，但它并不是很稳定，需要有一个人走进去观测这条隧道，才能把它的状态确定下来。”

珞珞抓抓脑袋：“观测？就是用眼睛看吗？难道我们看了一眼，这条隧道就不一样了吗？”

智小博说：“‘看’确实是观测的一种方式。观测并不是改变了它的状态，而是将它的状态确定下来。如果不观测，它就可能有两种状态，是不稳定的。”

瑶瑶说：“简单来说，就是需要先看一眼，它才会变安全，对吗？”

“也可以这么理解。”智小博严肃地说，“但第一个走过这条隧道的人，可能会因此变成量子态的幽灵，从今以后处于存在和不存在之间。”

珞珞完全被搞糊涂了：“什么幽灵？难道第一个走进这条隧道的人会消失吗？”

瑶瑶勉强听懂了，问：“我们能不能找一个机器来代替我们观察，比如说，一台摄影机？”

智小博说：“不行，信号没法从里面传出来。”

智小博着急得原地打转，显然它不会让路路或瑶瑶第一个走进去冒这个风险，但如果它自己先进去，同样可能因此而消失，它的程序严格禁止它做这样的事情。

智小博不知道自己为什么想起了埃拉托色尼，是在他那里，智小博第一次测量了时空距离，那也是它第一次做出说明书上没有写过的动作，结果它成功与科技馆工作人员取得了联系。智小博还想起了奥斯特和电磁线圈管道里的猫，在那里，它第一次违反《机器人安全手册》，将自己置于有危险的磁力环境中。现在他们面前的量子通道，是唯一能回家的路了，但如果走进去，就可能会消失，或者也可能发生一些自己无法预料的事情。它应该怎么办呢……

智小博想起了那些为了坚持科学而决定勇敢的人。它看了一眼苦恼的路路和瑶瑶，下定了决心，暗暗地改写了程序里的《机器人安全手册》。

“你们拿好钥匙，待在一起。别担心，我们会回到科技馆的！”它说完，就踏进了那扇黑洞洞的时空门里。

路路和瑶瑶没想到智小博会这么快行动。其实在智小博的机器人回路里，它已经对事情的发展做过很多次推演了。两人还没反应过来，时空门就消失了，只有路路和瑶瑶留在原地。

路路环顾四周，没有一个大人。他问：“智小博走了，我们是不是回不去了？”

瑶瑶试图搜寻新的时空门，但什么也没有找到。她也有点害怕，但看看扁方块钥匙，对珞珞说：“我们要相信智小博。”

他们静静地等待着。不知过了多久，手中的那把扁方块钥匙缓缓漂浮起来，升至空中。两人的视线都紧紧盯着它。这个形似科技馆的扁方块有两个比较大的面，在其中一个面上，四条螺旋形的曲线从四条直线边缘弯曲着通往中央，像银河系的悬臂一样在中心汇聚，正中央的量子拼图逐渐出现了可以看见的颜色，扁方块中间的空心缓缓变成实心了。

扁方块钥匙在空中旋转起来，越转越快，螺旋曲线也变成了旋涡，看得珞珞和瑶瑶眼花缭乱，不知道发生了什么事情。两人感觉自己漂浮着离开了地面，四周的光线也越来越强烈，他们只好闭上眼睛。

再睁开眼睛的时候，他们发现自己已经在“速度与时空”展区，坐在原本放置着土元素的地面上。原来他们已经经过时空隧道，安然无恙地回到了出发的地方。

工作人员围上来，查看他们有没有受伤，他们却难过地抱在一起，忍耐着哭泣的冲动对四周的人说：“我们再也见不到智小博了！”

这时一个机器人挤开人群，走到了他们身边。珞珞和瑶瑶看向它，不确定这是和自己一起冒险的那个机器人，还是展馆里无数机器人中的一个。直到智小博开口说：“太好了，我们都回来了！”他们才终于安心地看着彼此笑出来。

原来在化成量子态之前，智小博急中生智，将数据传输回科技馆，把自己备份起来了。变成量子幽灵的只是智小博的机器身体。现在它已经换了一个闪亮亮的新身体了！